第 5 版序

《颈椎胸椎功能强化训练》1992 年出版后很快就成为畅销书，第 5 版是作者近期推出的最新版本，也是在医学技术突飞猛进的现状下的一次全新创作。

与其他同样探讨脊柱运动方案的书相比，本书以逻辑清晰的教学框架、简洁明了的语言和生动形象的演示让我忍不住一遍又一遍翻阅。

作者在每个练习日都安排了 7 个小练习，这样新手更容易上手，也能降低动作做不到位或者做错的风险。书中的练习指南不涉及任何强度过高的内容，你可以从简单易做的小练习入手，随着训练状态的提升逐步增加难度。作者对每个练习的动作都进行了清晰的讲解，同时针对实际操作中可能会遇到的问题做出提示，并给出有益的建议。

这些无一不展现了作者作为医护人员和理疗师数十年的丰富经验。本书在医学领域具有举足轻重的地位，特别推荐给那些想要预防背部问题的健身新手阅读。除此之外，这本书也是理疗师、体育教师和健身教练不可或缺的指南。

格哈德・希姆里希（Gerhard Himmerich）
（医学博士，米特尔巴登诊所专业医生，
主攻骨科、脊柱治疗、
理疗学、浴疗学）
2014 年初夏于巴登 – 巴登

前　言

非常荣幸，《颈椎胸椎功能强化训练》第1版出版近30年后的今天，第6版跟大家见面了。本书以颈椎和胸椎训练为重点，是对《腰椎功能强化训练》一书的补充，德国的Öko-Test消费杂志[1]曾将本书评定为优质图书。

根据读者的建议，新版对原有的内容进行了更新，同时在书中介绍了一些针对特定部位疼痛的练习，有些疼痛是人们在特定职业中长期保持错误姿势引起的，这些练习能帮助你拉伸和放松这些疼痛部位的肌肉。这部分内容放在了全书的最后一章。

但是，这本书的整体理念没有改变，全书的基本框架也保留原样。

任何颈椎有问题的人都可以通过这一系列的练习课程来强化颈前肌群和颈后肌群，更好地保持头部平衡，缓解颈椎压力；再与腰椎练习相结合，可以达到锻炼整个躯干和脊柱的最佳效果。这套练习旨在让肌肉达到一个平衡状态，而非专门锻炼某一个部位的肌群。它能增强肌肉的灵活性和协调性，促进血液循环，使脊柱拥有足够的稳定性和灵活性，从而预防背部疼痛。

本书介绍的练习早已经过多年实践的证明，受到很多患者、医生的一致好评。即使你是零基础，本书中简洁明了的语言和生动形象的演示也能让你一目了然。只要你逐步完成30天的练习，就一定能看到成效。不仅如此，所有教授脊柱健身操或体操的人，如理疗师、体育教师、健身教练、成人大学和体育俱乐部的任课教师，都可以从本书中找到一些有价值且高效的练习方案。

本书也是脊柱问题专科医生从业前的必读教材。书中介绍的一系列练习完全按照骨科医生的要求安排，是符合人体规律的科学练习。积极的练习是很重要的，充分的运动也是必要的，但要循序渐进，不要用力过猛。

希望所有的练习者都能享受练习的过程，但练习者也需要有足够的耐心和毅力，才能通过这些有益健康的训练感受到身体的变化。

在这里，我要衷心地感谢所有参加我的健身课的学员和我众多的同事，他们提出了许多建设性的意见，让我的练习课程不断得到改进。感谢我的儿媳埃尔克·万德勒－德雷埃尔（Elke Wandler-Dreher），她充满热情且耐心地帮助我将所有练习动作呈现出来。我还要感谢克里斯蒂安·豪曼－弗里奇（Christiane Haumann-Frietsch）女士为本书提供了优质的照片。此外，我也要向爱思唯尔旗下的乌尔班和费歇尔出版社（Urban & Fischer）审稿部的编辑们，尤其是伊内丝·默根哈根（Ines Mergenhagen）女士，表达我诚挚的谢意，这本书的顺利出版离不开他们热情的支持和耐心的帮助。

加布里尔·德雷埃尔－埃德尔曼

（Gabriele Dreher−Edelmann）

2019年秋天于巴登－巴登

---

[1] Öko-Test消费杂志是德国的消费类杂志，主要关注市面上的商品。该杂志推出的认证标志在德国当地是权威标志，其认证检测有着极高的标准且极为严谨。因此，通过Öko-Test认证可成为商品的卖点，Öko-Test评级更是厂商为商品做宣传时的重点。——译者注

抖音搜索页扫一扫，学习由原国家网球队、体操队运动康复师汪黎明博士示范的练习指导视频，收获健康颈背。

Gymnastik für die Hals- und Brustwirbelsäule: 30 Tage mit je 7 Übungen,6.Auflage

颈椎胸椎功能强化训练

［德］加布里尔·德雷埃尔-埃德尔曼（Gabriele Dreher-Edelmann）◎著

张　影◎译

ELSEVIER

北京科学技术出版社

Elsevier (Singapore) Pte Ltd.
3 Killiney Road, #08-01 Winsland House I, Singapore 239519
Tel: (65) 6349-0200; Fax: (65) 6733-1817

Gymnastik für die Hals- und Brustwirbelsäule: 30 Tage mit je 7 Übungen
6. Auflage 2020

ISBN: 9783437455742

This translation of Gymnastik für die Hals- und Brustwirbelsäule: 30 Tage mit je 7 Übungen, 6. Auflage by Gabriele Dreher-Edelmann was undertaken by Beijing Science & Technology Publishing Co., Ltd. and is published by arrangement with Elsevier (Singapore) Pte Ltd.
Gymnastik für die Hals- und Brustwirbelsäule: 30 Tage mit je 7 Übungen, 6. Auflage by Gabriele Dreher-Edelmann 由北京科学技术出版社有限公司进行翻译，并根据北京科学技术出版社有限公司与爱思唯尔（新加坡）私人有限公司的协议约定出版。
《颈椎胸椎功能强化训练》（张影译）
ISBN: 978-7-5714-2534-0

著作权合同登记号　图字：01-2022-5303

图书在版编目（CIP）数据

颈椎胸椎功能强化训练 /（德）加布里尔·德雷埃尔–埃德尔曼著；张影译．—北京：北京科学技术出版社，2023.1
ISBN 978-7-5714-2534-0

Ⅰ.①颈… Ⅱ.①加… ②张… Ⅲ.①健身运动 Ⅳ.①G883

中国版本图书馆CIP数据核字（2022）第157432号

责任编辑：周　珊　张真真
责任校对：贾　荣
图文制作：北京永诚天地艺术设计有限公司
责任印制：吕　越
出 版 人：曾庆宇
出版发行：北京科学技术出版社
社　　址：北京西直门南大街16号
邮政编码：100035
ISBN 978-7-5714-2534-0

电　　话：0086-10-66135495（总编室）
　　　　　0086-10-66113227（发行部）
网　　址：www.bkydw.cn
印　　刷：北京捷迅佳彩印刷有限公司
开　　本：710 mm × 1000 mm　1/16
字　　数：200 千字
印　　张：15
版　　次：2023 年 1 月第 1 版
印　　次：2023 年 1 月第 1 次印刷

定　　价：89.00元

阅读指南

这是一本专业的练习指南，旨在帮助读者在具体的练习场景中进行有效的实践。因此，本书做了如下设计。

- 为了让你对练习步骤一目了然，插图上标记了各式各样的符号（如圆圈、长方块、箭头）。这些符号描述了特定的运动形式或张力形式（如拉伸、按压、支撑、伸展、绷紧），或者指明了运动方向等。
- 你可以在书的前勒口找到关于这些符号的解释说明。当你阅读内文中练习页面时，可以对照前勒口的解释说明。
- 部分插图带有三角形警告标志，这表明，在做这些练习时需要小心谨慎。根据练习指南的要求，手在施力时要轻柔，不要用力过猛；拉伸时也要轻缓，否则容易损伤肌肉。

作者和出版社祝你在每天的练习中保持愉悦的心情，并拥有足够的耐心，通过增强肌肉力量缓解脊柱压力。

健身理念

几乎每个人都体会过背痛的感觉。由于需要长时间坐在电脑前工作的人越来越多，颈部疼痛也越来越普遍。为了缓解已有的疼痛或者预防可能出现的疼痛，树立正确的健身理念至关重要。健身的目标是让你的颈椎回到原有的位置，保持放松、挺直的状态。这种效果可以通过对肌肉进行有效的锻炼来达到。在锻炼过程中，两种不同类型的肌肉起着协同作用。

- 姿势肌：很容易被调动起来，不容易产生疲劳感，极易收缩变短，大腿后侧的腘绳肌就是典型的姿势肌；
- 相位肌：不容易被调动起来，容易产生疲劳感，极易萎缩，典型的相位肌有腹肌和臀肌。

为了使核心肌群达到动态平衡，必须拉伸姿势肌、强化相位肌。

颈部、肩部和胸部常常会因为单一的肌肉压力而受到损伤。低头书写时，肩胛提肌除了发挥它的基本作用外，还起着支撑头部的作用，长时间承受负荷会导致肌肉痉挛并收缩变短。如果长时间坐在电脑屏幕前办公，身体里的部分肌群也会负荷过重，尤其是肩颈区。这种对一个部位的单一压力也会影响肩颈区其他部位的肌肉，结果，整个肩颈区和胸部都会感到疼痛。

做颈椎胸椎功能强化训练是为了使头部始终处于肩膀的正中位置，并缓解肩膀承受的压力。这个目标可以通过有规律的颈肌训练、强化菱形肌（相位肌）和拉伸胸肌（姿势肌）来实现。稳定、平衡的肌张力能使脊柱呈现正常的生理弯曲，为脊柱提供保护。必须在平衡的状态下协同训练特定肌群的力量和伸缩能力，以此提高肌肉的灵活度。在日常生活中，长时间保持某种姿势、肌肉负荷过重或者已有的不适（如疼痛、肌肉损伤和错误的姿势等）也会导致肌肉紧张。这些紧张可以通过不引起疼痛的轻缓的拉伸来改善。

练习的目标在于：

- 感知自己的身体状态；
- 感知身体灵活性的变化；
- 感知以前从未察觉的肌肉紧张；
- 了解如何根据身体状况改变自己的体态；
- 感知有针对性的体态改变对情绪的影响。

为了更好地达到以上目标，每个练习日的开头都有一个介绍练习效果的表格。表格中介绍了当天的练习会锻炼到的肌群名称，并对重要的目标肌群做了加粗显示。

本书 A 部分的整个练习课程由相互关联的小练习组成。练习课程以 30 天为一个周期逐步展开。如果在进行某项练习时感到疼痛，应该立刻停止这项练习。每天的练习时长不要超过 10 分钟。

你可以自由安排 30 天练习的重复次数。

本书 B 部分是拓展练习。

- 第 31 章介绍了如何通过自我按摩的方式加速紧张肌肉的血液循环，放松肌肉；
- 第 32 章和第 33 章介绍了久坐人士如何放松颈椎、胸椎和相关肌群，还讲述了怎样用相同的方式缓解甚至避免背痛；
- 第 34 章介绍了有助于肌肉训练的呼吸练习；
- 第 35 章介绍了放松下颌肌和咀嚼肌的练习方法；
- 第 36 章总结了针对特定部位疼痛，尤其是针对职业生活中长期养成的坏习惯造成的疼痛的练习方法。

现在，请你享受片刻的闲暇时光：

- 仰卧，双眼紧闭，双腿微微前伸，双臂平放于身体两侧；
- 深吸一口气，再慢慢呼出，感受腹部和胸部的呼吸运动；
- 感受你的双腿，脚尖绷直，脚跟向地面下压，绷紧腿部肌肉，收紧腹肌和臀肌，保持肌肉的紧张，平静地呼吸，然后全身放松，双腿外翻，保持自然平躺的状态；
- 感受你的双臂和双手，双手握拳，压向地面，绷紧臂部肌肉，保持肌肉的紧张，平静地呼吸，然后全身放松；
- 感受你的头部和面部，皱眉蹙鼻，紧闭双唇，保持肌肉的紧张，平静地呼吸，然后全身放松；
- 让自己进入冥想状态，想象你正置身于大自然中，走在林间小路上，阳光洒在树叶和树梢上；你来到一条小溪边，水流抚摸着石头，仿佛向石头轻诉它在途中的见闻；放松心情，听听溪水在说些什么，你会感到温暖、舒适，请你好好享受这一刻内心的安宁；
- 慢慢从冥想状态中脱离出来，感受你的双臂和双腿，双手握拳再张开，脚尖绷直再放松；
- 深吸一口气，双臂举过头顶，接着拉伸和舒展四肢，睁开双眼，慢慢挺直身体。

目 录

A 30 天练习

1 第一个练习日

练习一

练习二

练习三

练习四

练习五

练习六

练习七

练习效果

练习	效果
一	• 强化腹部和腿部肌肉 • 拉伸肩胛带肌群、颈前肌群和颈后肌群
二	• 强化腹部、腿部、手臂和肩胛骨肌肉 • 拉伸颈前肌群和颈后肌群
三	• 拉伸肩胛带肌群和颈后肌群
四	• 强化腹肌、肩胛带肌群、颈前肌群和颈后肌群
五	• 双肩贴地、骨盆位置稳定时，拉伸腿部、臀部肌肉，以及肩胛带肌群、颈前肌群和颈后肌群
六	• 强化腹肌 • 微微拉伸肩胛带肌群、颈前肌群和颈后肌群
七	• 肩部贴地时，拉伸背部，尤其是下背部肌肉 • 微微拉伸肩胛带肌群、颈前肌群和颈后肌群

为什么要从平躺姿势开始

之所以从平躺姿势开始，是因为在这种姿势下练习，身体几乎不会出现偏移。你可以全神贯注地进行练习，并感受身体随之产生的变化。也许你能感受到每天的练习比前一天的练习更难，也许正好相反。

练习一

起始姿势

- 仰卧；
- 双腿弯曲；
- 脚跟着地；
- 双臂伸直，在身体两侧微微外展；
- 掌心贴地。

动作要领

- 收紧腹肌；
- 下背部向地面下压；
- 脚跟向地面下压；
- 双手平放于地面，尽量朝脚的方向伸直；
- 下巴朝胸部方向内收；
- 头部尽可能向上伸展，但不要离地；
- 保持这个姿势片刻；
- 全身放松。

重复次数

- 3 次。

! 注意事项

- 头部不要离开地面；
- 不要压出双下巴；
- 保持呼吸。

练习二

起始姿势

- 仰卧；
- 双腿弯曲；
- 脚跟着地；
- 双臂外展至与肩平齐。

动作要领

- 收紧腹肌；
- 屈肘，前臂与身体垂直；
- 下背部向地面下压；
- 脚跟向地面下压；
- 肘部向地面下压；
- 下巴朝胸部方向内收；
- 头部尽可能向上伸展，但不要离地；
- 保持这个姿势片刻；
- 全身放松。

重复次数

- 3 次。

! 注意事项

- 双手放松，不要握拳；
- 头部不要离开地面；
- 不要压出双下巴；
- 保持呼吸。

练习三

起始姿势

- 仰卧；
- 双腿弯曲；
- 双脚着地；
- 双手抱头。

动作要领

- 双手将头部拉向胸部方向；
- 轻轻拉伸肩胛带肌群和颈后肌群；
- 头部轻轻压向双手，慢慢回到原位；
- 全身放松。

重复次数

- 3 次。

! 注意事项

- 拉伸肌肉时，将头部的重量转移至双手；
- 拉伸时注意用力适中，避免拉伤肌肉；
- 不要双手向前压头部，而要借助手部力量缓缓地拉伸颈后肌群和颈椎，此时如果感到头晕，请立即中止练习；
- 保持呼吸。

练习四

起始姿势

- 仰卧；
- 双腿弯曲；
- 双脚着地；
- 双臂伸直，在身体两侧微微外展；
- 手背贴地。

动作要领

- 收紧腹肌；
- 下背部向地面下压；
- 下巴朝胸部方向内收；
- 抬头，目视腹部；
- 保持这个姿势片刻；
- 头部慢慢回到原位；
- 全身放松。

重复次数

- 3 次。

! 注意事项

- 只抬起头部；
- 肩部不要离开地面；
- 保持呼吸。

练习五

起始姿势

- 仰卧；
- 双腿伸直；
- 双臂伸直，在身体两侧微微外展；
- 掌心贴地。

动作要领

- 右腿弯曲，右脚放在左膝旁；
- 右腿慢慢向下压，同时头部慢慢向左转；
- 头部转回正中位置，同时将右腿伸直；
- 腿部尽量伸展；
- 全身放松。

重复次数

- 双腿交替练习 2 次。

! 注意事项

- 头部不要离开地面；
- 头部和腿部同时慢慢练习；
- 保持呼吸。

练习六

起始姿势

- 仰卧；
- 双腿弯曲；
- 双脚着地；
- 双手放在腹部。

动作要领

- 收紧腹肌；
- 下背部向地面下压；
- 头部缓缓向右转；
- 头部转回正中位置；
- 头部慢慢向左转；
- 头部转回正中位置；
- 头部向右转；
- 保持这个姿势，从 1 数到 5；
- 头部转回正中位置；
- 头部向左转；
- 保持这个姿势，从 1 数到 5；
- 头部转回正中位置；
- 全身放松。

重复次数

- 头部向身体两侧交替转动 4 次。

! 注意事项

- 头部不要离开地面；
- 头部缓慢且自然地转动；
- 保持呼吸。

练习七

起始姿势

- 仰卧；
- 双腿弯曲；
- 双脚着地；
- 双手抱头。

动作要领

- 双腿并拢，一起向身体的一侧慢慢倾斜下压，再一起向另一侧下压；
- 头部向腿部运动的反方向转动。

重复次数

- 数次。

! 注意事项

- 头部不要离开双手；
- 肩部不要离开地面。

2 第二个练习日

练习一

练习二

练习三

练习四

练习五

练习六

练习七

练习效果

练习	效果
一	• 强化腹部和腿部肌肉 • 拉伸肩胛带肌群、颈前肌群和颈后肌群
二	• 强化腹部和腿部肌肉 • 拉伸肩胛带肌群、颈前肌群和颈后肌群
三	• 强化腹肌 • 拉伸手臂肌肉、肩胛带肌群、颈前肌群和颈后肌群
四	• 强化腹肌、肩胛带肌群、颈前肌群和颈后肌群
五	• 拉伸大腿、臀部肌肉，以及肩胛带肌群、颈前肌群和颈后肌群
六	• 强化腹肌、肩胛带肌群、颈前肌群和颈后肌群
七	• 肩部贴地时，拉伸背部，尤其是下背部肌肉 • 微微拉伸肩胛带肌群、颈前肌群和颈后肌群

肩胛带的科普知识

肩胛带看上去像系在人体躯干上部的腰带。它由背部的两块肩胛骨和胸廓上部的两块锁骨组成。头部、背部、胸部和手臂上的很多肌肉都以肩胛带为起点。肩胛带的作用是使双臂在肩关节处可以自由活动。

练习一

起始姿势

- 仰卧；
- 双腿弯曲；
- 脚跟着地；
- 双臂伸直，在身体两侧微微外展；
- 掌心贴地。

动作要领

- 收紧腹肌；
- 下背部向地面下压；
- 脚跟向地面下压；
- 双手平放于地面，尽量朝脚的方向伸直；
- 下巴朝胸部方向内收；
- 头部尽可能向上伸展，但不要离地；
- 保持这个姿势片刻；
- 全身放松。

重复次数

- 3 次。

! 注意事项

- 头部不要离开地面；
- 不要压出双下巴；
- 保持呼吸。

练习二

起始姿势

- 仰卧；
- 双腿弯曲；
- 双脚着地；
- 双手抱头。

动作要领

- 使两侧肩胛骨慢慢向脊柱靠拢，感受脊柱逐渐“悬空”；
- 收紧腹肌；
- 下背部向地面下压；
- 保持这个姿势片刻；
- 全身放松；
- 双手将头部拉向胸部方向；
- 轻轻拉伸颈后肌群；
- 头部慢慢回到原位；
- 全身放松。

重复次数

- 3 次。

! 注意事项

- 将头部的重量完全转移至双手；
- 拉伸时注意用力适中，避免拉伤肌肉；
- 保持呼吸。

练习三

起始姿势

- 仰卧；
- 双腿弯曲；
- 双脚着地；
- 双臂伸直，在身体两侧微微外展；
- 掌心贴地。

动作要领

- 收紧腹肌；
- 下背部向地面下压；
- 右手手背向上抬起；
- 头部尽量向上伸展，但不要离地；
- 头部向右转；
- 右臂朝右脚的方向伸展，但不要离地；
- 保持这个姿势片刻；
- 全身放松。

重复次数

- 左右两侧交替练习 2 次。

! 注意事项

- 头部不要离开地面；
- 保持呼吸。

练习四

起始姿势

- 仰卧；
- 双腿弯曲；
- 双脚着地；
- 双臂伸直，在身体两侧微微外展；
- 掌心贴地。

动作要领

- 收紧腹肌；
- 下背部向地面下压；
- 抬头，头部向左转，目视左手；
- 保持这个姿势片刻；
- 头部转回正中位置，回到原位；
- 全身放松。

重复次数

- 向身体两侧交替练习 2 次。

! 注意事项

- 只抬起头部；
- 肩部不要离开地面；
- 保持呼吸。

练习五

起始姿势

- 仰卧；
- 双腿弯曲；
- 双脚着地；
- 双臂伸直，在身体两侧微微外展；
- 掌心贴地。

动作要领

- 右腿朝腹部方向弯曲；
- 双手抱右膝；
- 慢慢将右膝朝胸部方向拉伸，头部同时缓缓向左转；
- 保持这个姿势片刻；
- 头部转回正中位置；
- 双手松开右膝；
- 右腿伸直；
- 全身放松。

重复次数

- 双腿交替练习 2 次。

! 注意事项

- 头部和膝盖的活动速度要慢，练习时保持动作协调一致；
- 如果膝盖有疼痛感，可以把双手放在腘窝处；
- 保持呼吸。

练习六

起始姿势

- 仰卧；
- 双腿弯曲；
- 双脚着地；
- 双手放在腹部。

动作要领

- 收紧腹肌；
- 下背部向地面下压；
- 头部缓缓向右转；
- 尽可能将头转到耳朵完全与地面接触的位置；
- 耳朵贴着地面，慢慢转动头部；
- 头部转回正中位置；
- 全身放松。

重复次数

- 向身体两侧交替练习 2 次。

! 注意事项

- 头部不要离开地面；
- 头部转动时，不要把重量压在耳朵上；
- 保持呼吸。

练习七

起始姿势

- 仰卧；
- 双腿弯曲；
- 双脚着地；
- 双手抱头。

动作要领

- 双腿并拢，一起向身体的一侧慢慢倾斜下压，再一起向另一侧下压；
- 头部向腿部运动的反方向转动。

重复次数

- 数次。

! 注意事项

- 头部不要离开双手；
- 肩部不要离开地面。

3 第三个练习日

练习一

练习二

练习三

练习四

练习五

练习六

练习七

练习效果

练习	效果
一	• 强化腹部和腿部肌肉 • 拉伸肩胛带肌群、颈前肌群和颈后肌群
二	• 强化腹部、胸部、手臂和肩胛骨肌肉
三	• 强化腿部肌肉、颈前肌群和颈后肌群
四	• 强化腹肌、颈前肌群和颈后肌群
五	• 拉伸大腿、臀部肌肉，以及颈前肌群和颈后肌群
六	• 拉伸背部，尤其是下背部肌肉 • 拉伸胸部、肩部、手臂肌肉，以及颈前肌群和颈后肌群
七	• 肩部贴地时，拉伸背部，尤其是下背部肌肉 • 微微拉伸肩胛带肌群、颈前肌群和颈后肌群

练习一

起始姿势

- 仰卧；
- 双腿弯曲；
- 脚跟着地；
- 双臂伸直，在身体两侧微微外展；
- 掌心贴地。

动作要领

- 收紧腹肌；
- 下背部向地面下压；
- 脚跟向地面下压；
- 双手平放于地面，尽量朝脚的方向伸直；
- 下巴朝胸部方向内收；
- 头部尽可能向上伸展，但不要离地；
- 保持这个姿势片刻；
- 全身放松。

重复次数

- 3 次。

! 注意事项

- 头部不要离开地面；
- 不要压出双下巴；
- 保持呼吸。

练习二

起始姿势

- 仰卧；
- 双腿弯曲；
- 双脚着地；
- 双臂伸直，在身体两侧微微外展；
- 掌心贴地。

动作要领

- 收紧腹肌；
- 下背部向地面下压；
- 屈肘；
- 肘部靠在身体两侧；
- 前臂和手朝地面方向下垂，掌心朝外；
- 保持这个姿势片刻；
- 全身放松。

重复次数

- 3 次。

! 注意事项

- 下背部不要离开地面；
- 保持呼吸。

练习三

起始姿势

- 仰卧；
- 一条腿弯曲；
- 另一条腿伸直；
- 双手抱头。

动作要领

- 伸直腿的脚背勾起；
- 抬头，目视脚尖；
- 双手贴地；
- 头部缓缓回到原位；
- 全身放松。

重复次数

- 双腿交替练习 3 次。

! 注意事项

- 保持呼吸。

练习四

起始姿势

- 仰卧；
- 双腿弯曲；
- 双脚着地；
- 双臂伸直，在身体两侧微微外展；
- 掌心贴地。

动作要领

- 收紧腹肌；
- 下背部向地面下压；
- 头部缓缓向右转动；
- 鼻子朝肩膀的方向靠；
- 保持这个姿势片刻；
- 鼻子抬向右上方；
- 保持这个姿势片刻；
- 活动时头部始终在地面上；
- 头部转回正中位置；
- 全身放松。

重复次数

- 向身体两侧交替练习 2 次。

! 注意事项

- 头部不要离开地面；
- 保持呼吸。

练习五

起始姿势

- 仰卧；
- 双腿弯曲；
- 双脚着地；
- 双臂伸直，在身体两侧微微外展；
- 掌心贴地。

动作要领

- 双腿朝腹部方向弯曲；
- 双手抱膝；
- 慢慢将双膝朝胸部方向拉伸，头部同时向右转；
- 保持这个姿势片刻；
- 恢复至起始姿势；
- 全身放松。

重复次数

- 向身体两侧交替练习 2 次。

! 注意事项

- 头部和膝盖的活动速度要慢，练习时保持动作协调一致；
- 如果膝盖有疼痛感，可以把双手放在腘窝处；
- 保持呼吸。

练习六

起始姿势

- 右侧卧；
- 双腿伸直。

动作要领

拉伸练习

- 左腿弯曲；
- 左腿贴地，右手置于左膝外侧；
- 左臂向后打开，左肩慢慢靠向地面；
- 头部随身体一起向左转；
- 保持这个姿势片刻；
- 将弯曲的左腿伸直；
- 腿部伸展，仰卧，左臂收回体侧。

重复次数

- 左右两侧交替练习 2 次。

! 注意事项

- 拉伸时速度要慢；
- 保持呼吸。

练习七

起始姿势

- 仰卧；
- 双腿弯曲；
- 双脚着地；
- 双手抱头。

动作要领

- 双腿并拢，一起向身体的一侧慢慢倾斜下压，再一起向另一侧下压；
- 头部向腿部运动的反方向转动。

重复次数

- 数次。

! 注意事项

- 头部不要离开双手；
- 肩部不要离开地面。

4 第四个练习日

练习一

练习二

练习三

练习四

练习五

练习六

练习七

练习效果

练习	效果
一	• 强化腿部和臀部肌肉 • 强化颈前肌群、颈后肌群和背部肌肉
二	• 强化腿部和臀部肌肉 • 拉伸颈前肌群和颈后肌群
三	• 强化腿部和臀部肌肉 • 强化肩胛带肌群、颈前肌群和颈后肌群
四	• 拉伸腿部、肩部和手臂肌肉 • 强化颈前肌群和颈后肌群
五	• 强化腿部、臀部和背部肌肉 • 强化手臂肌肉、肩胛带肌群、颈前肌群和颈后肌群
六	• 强化腿部、臀部和背部肌肉 • 强化手臂肌肉、肩胛带肌群、颈前肌群和颈后肌群
七	• 肩部贴地时，拉伸背部，尤其是下背部肌肉 • 微微拉伸肩胛带肌群、颈前肌群和颈后肌群

练习一

起始姿势

- 俯卧；
- 双腿伸直；
- 脚背贴地；
- 双臂伸直，平放于身体两侧；
- 额头贴地。

动作要领

- 双手置于腹股沟下方；
- 双脚并拢；
- 双腿绷紧；
- 收紧臀肌；
- 腹股沟向手的方向下压；
- 腹部回缩；
- 抬头，下巴朝胸部方向内收；
- 保持这个姿势片刻；
- 全身慢慢放松。

重复次数

- 3 次。

! 注意事项

- 保持呼吸。

练习二

起始姿势

- 俯卧；
- 将靠垫置于腹部下方；
- 双腿伸直；
- 双手置于额头下方；
- 双手指尖相触。

动作要领

- 双腿绷紧；
- 收紧臀肌；
- 头部抬起，向一侧转动；
- 耳朵侧贴在手指上；
- 保持这个姿势片刻；
- 头部转回正中位置；
- 全身放松。

重复次数

- 向身体两侧交替练习 2 次。

! 注意事项

- 头部慢慢转动；
- 保持呼吸。

练习三

起始姿势

- 俯卧；
- 将靠垫置于腹部下方；
- 双腿伸直；
- 双手置于臀部上方；
- 额头贴地。

动作要领

- 双腿绷紧，收紧臀肌；
- 抬头；
- 下巴贴地；
- 抬头；
- 额头贴地；
- 全身放松。

重复次数

- 每个姿势练习 3 次。

! 注意事项

- 保持呼吸。

练习四

起始姿势

- 俯卧；
- 将靠垫置于腹部下方；
- 双腿伸直；
- 脚趾弯曲，脚尖触地；
- 双臂举过头顶，紧贴地面向前伸直，不要离地。

动作要领

拉伸练习
- 脚跟向后蹬；
- 双膝抬离地面；
- 双腿伸直；
- 双臂贴地，尽可能向前伸；
- 头部稍稍抬起，使鼻子不要触地；
- 目视地面；
- 吸气时拉伸；
- 呼气时放松。

重复次数

- 3 次。

! 注意事项

- 拉伸时注意用力适中，避免拉伤肌肉。

练习五

起始姿势

- 俯卧；
- 将靠垫置于腹部下方；
- 双腿伸直；
- 脚背贴地；
- 双臂呈“U”形，即双臂外展，与肩平齐，肘部弯曲成直角。

动作要领

- 双脚并拢；
- 双腿绷紧；
- 收紧臀肌；
- 腹部回缩；
- 双臂呈“U”形抬离地面；
- 头部稍稍抬起，使鼻子不要触地；
- 目视地面；
- 保持这个姿势片刻；
- 全身慢慢放松。

重复次数

- 3 次。

! 注意事项

- 双臂抬至齐肩高度；
- 目视地面；
- 保持呼吸。

4

练习六

起始姿势

- 俯卧；
- 将靠垫置于腹部下方；
- 双腿伸直；
- 双手置于额头下方。

动作要领

- 双腿绷紧；
- 收紧臀肌；
- 抬起头部和双臂；
- 目视地面；
- 双臂在身体两侧外展，与肩平齐；
- 拇指向上；
- 保持这个姿势片刻；
- 双臂回到原位；
- 双手置于额头下方；
- 头部回到原位；
- 全身放松。

重复次数

- 3 次。

! 注意事项

- 双臂抬至齐肩高度；
- 目视地面；
- 保持呼吸。

练习七

起始姿势

- 仰卧；
- 双腿弯曲；
- 双脚着地；
- 双手抱头。

动作要领

- 双腿并拢，一起向身体的一侧慢慢倾斜下压，再一起向另一侧下压；
- 头部向腿部运动的反方向转动。

重复次数

- 数次。

! 注意事项

- 头部不要离开双手；
- 肩部不要离开地面。

5 第五个练习日

练习一

练习二

练习三

练习四

练习五

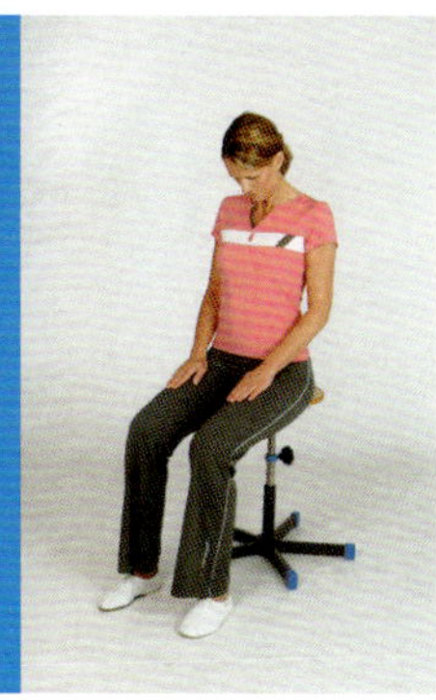
练习六

练习七

练习效果

练习	效果
一	• 热身 • 强化腿部、手臂、腹部和背部肌肉 • 配合深呼吸
二	• 强化臀部、腹部、背部肌肉和肩胛带肌群 • 拉伸颈前肌群和颈后肌群
三	• 强化臀部、腹部、背部肌肉和肩胛带肌群 • 拉伸手臂肌肉、颈前肌群和颈后肌群
四	• 强化臀部、腹部、背部肌肉和肩胛带肌群
五	• 激活躯干和脊柱
六	• 强化臀部、腹部、背部肌肉和肩胛带肌群 • 拉伸颈前肌群和颈后肌群
七	• 通过“马车夫体态”使全身放松

关于坐姿的小常识

腹部和臀部的肌肉紧张可起到平衡骨盆的作用。如果缺少这部分肌肉的支撑，骨盆就会前倾，进而导致腰椎严重前凸。腰椎过度前凸会使具有稳定脊柱作用的肩胛带肌群处于紧绷状态，久坐后会加剧肩颈区的疼痛。

建议

保持坐姿时，可以不时地移动一下自己的位置。在短暂的休息中：

- 坐在椅子前缘，腰弯向椅背，头部向前低垂，双手自然平放于大腿上；
- 通过“马车夫体态”使全身放松（参见第五个练习日中的练习七）。

关于“马车夫体态”的小常识

马车夫体态是指上身前倾，双臂撑在大腿上，保持上身不动的一种姿势。此时骨盆微微前倾，只有少数肌肉紧张。该体态是一个放松的姿势，它很容易让人产生睡意。

练习一

起始姿势

- 坐在椅子上；
- 双臂于体侧自然下垂。

动作要领

- 双臂和双腿朝相反的方向活动；
- 左腿抬高，脚背勾起；
- 右臂向上拉伸；
- 右手掌心向上，朝向天花板；
- 右腿前伸，脚背勾起；
- 左臂向下拉伸；
- 左手掌心向下，朝向地面；
- 双臂和双腿交替练习；舒展四肢，拉伸全身肌肉。

重复次数

- 数次。

! 注意事项

- 保持呼吸。

练习二

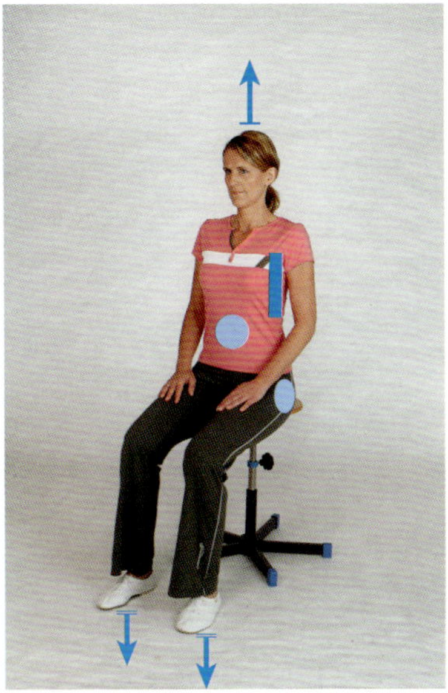

起始姿势

- 坐在椅子的前 1/3 处；
- 双脚分开，与髋同宽；
- 双手自然平放于大腿上。

动作要领

- 双脚撑地；
- 收紧臀肌；
- 腹部回缩；
- 肩部微微向后伸展；
- 挺直背部；
- 头部尽可能向上伸展；
- 下巴微微朝胸部方向内收；
- 头部缓缓向右转；
- 保持这个姿势片刻；
- 头部转回原位；
- 全身放松。

重复次数

- 3 次。

! 注意事项

- 保持呼吸。

练习三

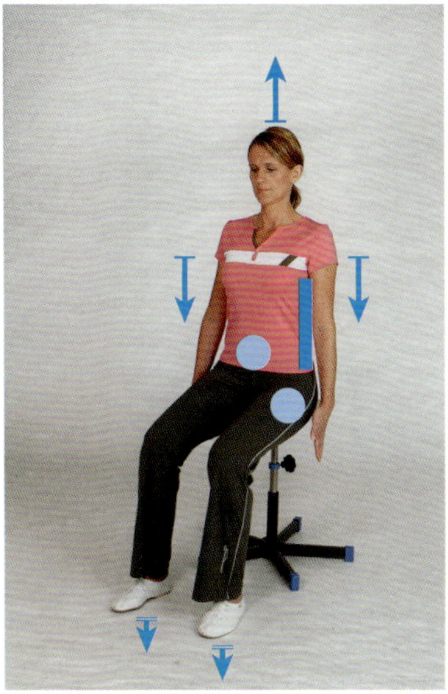

起始姿势

- 坐在椅子的前 1/3 处；
- 双脚分开，与髋同宽；
- 双臂于体侧自然下垂。

动作要领

- 双脚撑地；
- 收紧臀肌；
- 腹部回缩；
- 肩部微微向后伸展；
- 挺直背部；
- 头部尽可能向上伸展；
- 下巴微微朝胸部方向内收；
- 手指绷紧，指尖指向地面；
- 保持这个姿势片刻；
- 全身放松。

重复次数

- 3 次。

! 注意事项

- 保持呼吸。

练习四

起始姿势

- 坐在椅子的前 1/3 处；
- 双脚分开，与髋同宽；
- 双臂于体侧自然下垂。

动作要领

- 双手抱头；
- 头部和胸部微微前屈；
- 目视腹部；
- 慢慢挺直身体；
- 双脚撑地；
- 收紧臀肌；
- 腹部回缩；
- 挺直背部；
- 肘部微微向后；
- 保持这个姿势片刻；
- 放下双臂，全身放松。

重复次数

- 3 次。

! 注意事项

- 切忌过度前屈；
- 保持呼吸。

练习五

起始姿势

- 坐在椅子的前 1/3 处；
- 双脚分开，与髋同宽；
- 双臂于体侧自然下垂。

动作要领

- 双臂举过头顶，向上拉伸；
- 挺直背部；
- 腹部回缩；
- 上身向右转 3 次；
- 上身向左转 3 次；
- 上身转回正中位置；
- 放下双臂；
- 全身放松。

重复次数

- 3 次。

! 注意事项

- 双臂尽可能伸展；
- 转身时要坐稳；
- 保持呼吸。

练习六

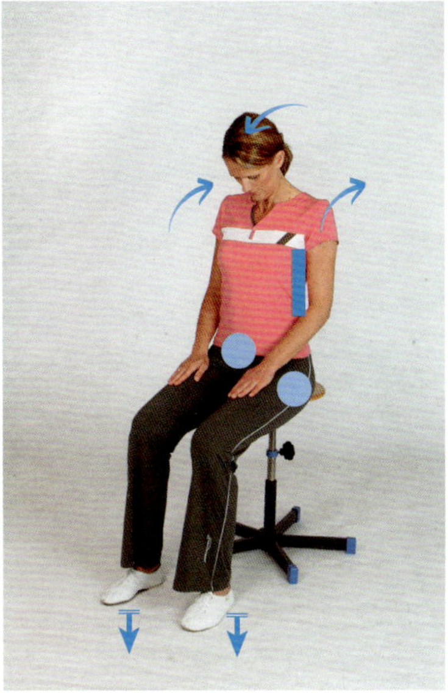

起始姿势

- 坐在椅子的前 1/3 处；
- 双脚分开，与髋同宽；
- 双手自然平放于大腿上。

动作要领

- 双脚撑地；
- 收紧臀肌；
- 腹部回缩；
- 肩部微微向后伸展；
- 挺直背部；
- 缓缓向前低头；
- 保持这个姿势片刻；
- 慢慢抬起头；
- 全身放松。

重复次数

- 3 次。

! 注意事项

- 头部尽可能向下低；
- 保持呼吸。

练习七

起始姿势

- 坐在椅子上；
- 双脚分开，略比髋宽；
- 双臂于体侧自然下垂。

动作要领

- 上身前屈；
- 前臂置于大腿上；
- 双手自然悬垂于大腿内侧；
- 低头，眼睛微闭；
- 全身放松；
- 感受自己的呼吸（注意呼吸节奏）；
- 排除杂念，开始冥想；
- 慢慢挺直身体；
- 舒展四肢，拉伸全身肌肉。

重复次数

- 1 次。

! 注意事项

- 不要忘记最后的拉伸。

6 第六个练习日

练习一

练习二

练习三

练习四

练习五

练习六

练习七

练习效果

练习	效果
一	• 热身 • 强化腿部、手臂、腹部和背部肌肉 • 配合深呼吸
二	• 强化臀部和腹部肌肉 • 拉伸肩部、手臂和背部肌肉
三	• 强化背部和肩胛骨肌肉 • 拉伸颈前肌群和颈后肌群
四	• 强化臀部、腹部和背部肌肉 • 强化肩部和肩胛骨肌肉 • 拉伸胸部肌肉
五	• 强化臀部、腹部、背部肌肉，以及肩胛带肌群、颈前肌群和颈后肌群 • 拉伸背部、肩部和胸部肌肉 • 增加腰椎灵活度
六	• 强化臀部、腹部和背部肌肉 • 强化肩胛带肌群、颈前肌群和颈后肌群
七	• 通过“马车夫体态”使全身放松

练习一

起始姿势

- 坐在椅子上；
- 双臂于体侧自然下垂。

动作要领

- 双臂和双腿朝相反的方向活动；
- 左腿抬高，脚背勾起；
- 右臂向上拉伸；
- 右手掌心向上，朝向天花板；
- 右腿前伸，脚背勾起；
- 左臂向下拉伸；
- 左手掌心向下，朝向地面；
- 双臂和双腿交替练习；舒展四肢，拉伸全身肌肉。

重复次数

- 数次。

! 注意事项

- 保持呼吸。

练习二

起始姿势

- 坐在椅子的前 1/3 处；
- 双脚分开，与髋同宽；
- 双臂于体侧自然下垂。

动作要领

拉伸练习

- 双脚撑地；
- 收紧臀肌，腹部回缩；
- 双手交叉；
- 双臂举过头顶，向上伸展；
- 双手掌心向上，朝向天花板；
- 手臂尽可能向上拉伸；
- 保持这个姿势片刻；
- 松开双手；
- 双臂放回体侧；
- 全身放松。

重复次数

- 3 次。

! 注意事项

- 拉伸时，注意用力适中，避免拉伤肌肉；
- 保持呼吸。

练习三

起始姿势

- 坐在椅子的正中位置；
- 双脚分开，略比髋宽；
- 双手置于两腿间的椅子上。

动作要领

- 脚背勾起；
- 脚跟点地；
- 双手向椅面下压；
- 双肩向后伸展；
- 低头；
- 目视双手；
- 保持这个姿势片刻；
- 全身放松。

重复次数

- 3 次。

! 注意事项

- 保持背部挺直；
- 保持呼吸。

练习四

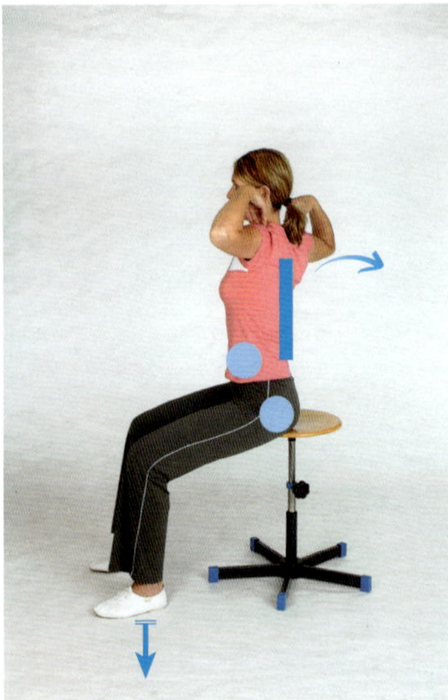

起始姿势

- 坐在椅子的前 1/3 处；
- 双脚分开，与髋同宽；
- 双臂于体侧自然下垂。

动作要领

- 双脚撑地；
- 收紧臀肌，腹部回缩；
- 挺直背部；
- 指尖搭在肩膀上；
- 肘部抬至齐肩高度；
- 右肘向后伸展；
- 目视前方；
- 保持这个姿势片刻；
- 右肘回到原位；
- 全身放松。

重复次数

- 左右两侧交替练习 2 次。

! 注意事项

- 保持背部挺直；
- 活动肘部时，身体其他部位保持不动；
- 保持呼吸。

练习五

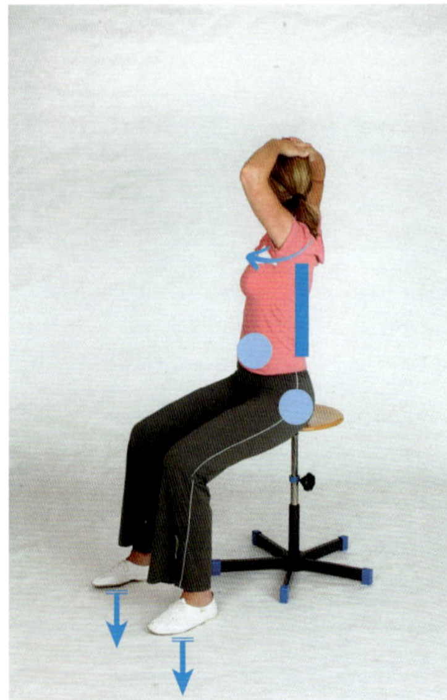

起始姿势

- 坐在椅子的前 1/3 处；
- 双脚分开，与髋同宽；
- 双臂于体侧自然下垂。

动作要领

- 双脚撑地；
- 收紧臀肌；
- 腹部回缩；
- 挺直背部；
- 双手抱头；
- 上身向右转；
- 目视右肘；
- 保持这个姿势片刻；
- 上身回到原位；
- 放下双臂，全身放松。

重复次数

- 向身体两侧交替练习 2 次。

! 注意事项

- 保持背部挺直；
- 保持呼吸。

练习六

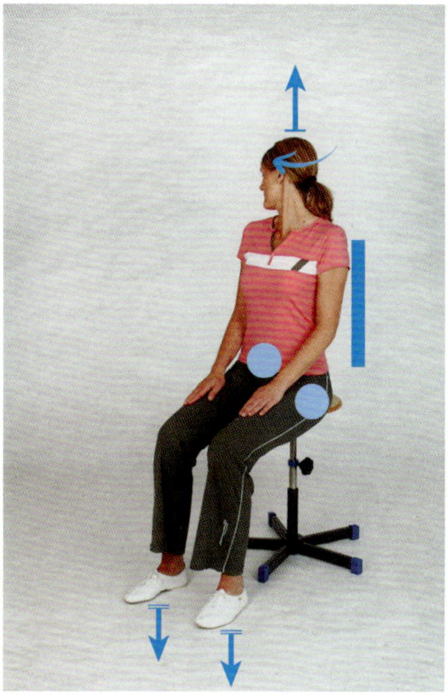

起始姿势

- 坐在椅子的前 1/3 处；
- 双脚分开，与髋同宽；
- 双手自然平放于大腿上。

动作要领

- 双脚撑地；
- 收紧臀肌；
- 腹部回缩；
- 肩部微微向后伸展；
- 挺直背部；
- 头部尽可能向上伸展；
- 下巴微微朝胸部方向内收；
- 头部缓缓向右转动；
- 保持这个姿势片刻；
- 头部转回原位；
- 全身放松。

重复次数

- 向身体两侧交替练习 2 次。

! 注意事项

- 保持背部挺直；
- 保持呼吸。

练习七

起始姿势

- 坐在椅子上；
- 双脚分开，略比髋宽；
- 双臂于体侧自然下垂。

动作要领

- 上身前屈；
- 前臂置于大腿上；
- 双手自然悬垂于大腿内侧；
- 低头，眼睛微闭；
- 全身放松；
- 感受自己的呼吸（注意呼吸节奏）；
- 排除杂念，开始冥想；
- 慢慢挺直身体；
- 舒展四肢，拉伸全身肌肉。

重复次数

- 1 次。

! 注意事项

- 不要忘记最后的拉伸。

7 第七个练习日

练习一

练习二

练习三

练习四

练习五

练习六

练习七

练习效果

练习	效果
一	• 热身 • 强化腿部、手臂、腹部和背部肌肉 • 配合深呼吸
二	• 强化臀部和腹部肌肉 • 拉伸肩胛带肌群、手臂肌肉和肩部肌肉
三	• 通过等长收缩训练增强肌肉力量，感知肌肉收缩给身体带来的变化
四	• 强化臀部肌肉 • 上身倾斜时 – 强化腹部和背部肌肉 – 拉伸腹部、背部、肩部和手臂肌肉
五	• 强化臀部肌肉 • 上身倾斜时 – 强化腹部和背部肌肉 – 拉伸腹部、背部、肩部和手臂肌肉
六	• 强化臀部、腹部肌肉，以及肩胛带肌群、颈前肌群和颈后肌群 • 激活颈椎
七	• 通过“马车夫体态”使全身放松

关于练习三中“等长收缩训练”的小常识

当肌肉紧绷时，在关节保持不动的情况下，肌肉是等长收缩的。

关于练习六的小贴士

练习六主要是针对颈椎上半部分的头部俯仰运动。这项练习的目的主要是锻炼头部关节、寰椎（第 1 颈椎）与枢椎（第 2 颈椎）。

练习一

起始姿势

- 坐在椅子上；
- 双臂于体侧自然下垂。

动作要领

- 双臂和双腿朝相反的方向活动；
- 左腿抬高，脚背勾起；
- 右臂向上拉伸；
- 右手掌心向上，朝向天花板；
- 右腿前伸，脚背勾起；
- 左臂向下拉伸；
- 左手掌心向下，朝向地面；
- 双臂和双腿交替练习；舒展四肢，拉伸全身肌肉。

重复次数

- 数次。

! 注意事项

- 保持呼吸。

练习二

起始姿势

- 坐在椅子的前 1/3 处；
- 双脚分开，与髋同宽；
- 双臂于体侧自然下垂。

动作要领

拉伸练习

- 双脚撑地；
- 收紧臀肌；
- 腹部回缩；
- 双手交叉；
- 双臂举过头顶，向上伸展；
- 掌心朝向天花板；
- 保持这个姿势片刻；
- 双臂向前拉伸，与肩平齐；
- 手背朝向身体；
- 保持这个姿势片刻；
- 双臂放回体侧；
- 全身放松。

重复次数

- 3 次。

! 注意事项

- 保持背部挺直；
- 保持呼吸。

练习三

起始姿势

- 坐在椅子的前 1/3 处；
- 双脚分开，略比髋宽；
- 双臂于体侧自然下垂。

动作要领

- 脚背勾起；
- 脚跟点地；
- 伸腕，掌心向下；
- 手肘微屈；
- 收紧臀肌，腹部回缩；
- 挺直背部；
- 头部尽可能向上伸展；
- 下巴微微朝胸部方向内收；
- 双手置于身体两侧，朝地面方向下压；
- 保持这个姿势片刻；
- 全身放松。

重复次数

- 3 次。

! 注意事项

- 双手下压时，双臂保持弯曲；
- 保持呼吸。

练习四

起始姿势

- 坐在椅子的前 1/3 处；
- 双脚分开，与髋同宽；
- 双臂于体侧自然下垂。

动作要领

- 双脚撑地；
- 收紧臀肌；
- 腹部回缩；
- 挺直背部；
- 双手抱头；
- 上身向右倾斜；
- 左肘向上推；
- 保持这个姿势片刻；
- 上身还原；
- 放下双臂，全身放松。

重复次数

- 向身体两侧交替练习 2 次。

! 注意事项

- 上身不要摇晃；
- 保持呼吸。

练习五

起始姿势

- 坐在椅子的前 1/3 处；
- 双脚分开，与髋同宽；
- 双臂于体侧自然下垂。

动作要领

- 双脚撑地；
- 收紧臀肌；
- 腹部回缩；
- 挺直背部；
- 双手搭在肩膀上，呈拱形；
- 上身向右倾斜；
- 左臂举过头顶，向身体右侧拉伸；
- 保持这个姿势片刻；
- 双臂放回体侧；
- 上身还原；
- 全身放松。

重复次数

- 向身体两侧交替练习 2 次。

！注意事项

- 上身不要摇晃；
- 保持呼吸。

练习六

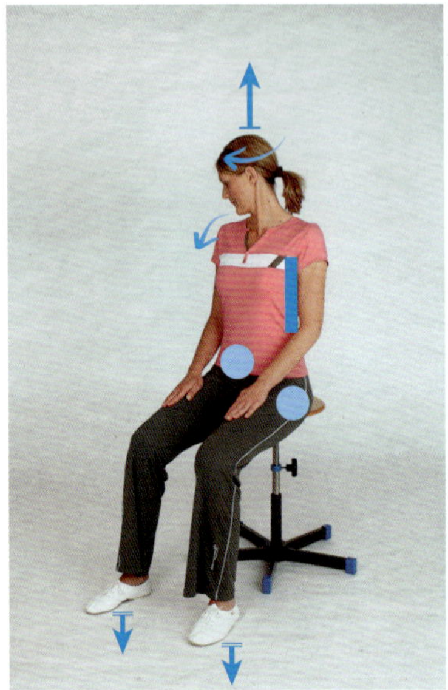

起始姿势

- 坐在椅子的前 1/3 处；
- 双脚分开，与髋同宽；
- 双手自然平放于大腿上。

动作要领

- 双脚撑地；
- 收紧臀肌；
- 腹部回缩；
- 肩部微微向后伸展；
- 挺直背部；
- 头部尽可能向上伸展；
- 下巴微微朝胸部方向内收；
- 头部缓缓向右转；
- 下巴朝肩膀方向下压数次；
- 头部转回正中位置；
- 全身放松。

重复次数

- 向身体两侧交替练习 2 次。

！注意事项

- 保持背部挺直；
- 保持呼吸。

练习七

起始姿势

- 坐在椅子上；
- 双脚分开，略比髋宽；
- 双臂于体侧自然下垂。

动作要领

- 上身前屈；
- 前臂置于大腿上；
- 双手自然悬垂于大腿内侧；
- 低头，眼睛微闭；
- 全身放松；
- 感受自己的呼吸（注意呼吸节奏）；
- 排除杂念，开始冥想；
- 慢慢挺直身体；
- 舒展四肢，拉伸全身肌肉。

重复次数

- 1 次。

! 注意事项

- 不要忘记最后的拉伸。

8 第八个练习日

练习一

练习二

练习三

练习四

练习五

练习六

练习七

练习效果

练习	效果
一	• 热身 • 强化腿部、手臂、腹部和背部肌肉 • 配合深呼吸
二	• 强化臀部和腹部肌肉 • 拉伸手臂、肩部肌肉和肩胛带肌群
三	• 通过等长收缩训练增强肌肉力量，感知肌肉收缩给身体带来的变化
四	• 强化臀部和腹部肌肉 • 微微拉伸胸椎和颈椎 • 强化肩胛带、颈后肌群和背部肌肉
五	• 脊柱弯曲时，强化腹斜肌 • 脊柱直立时，强化肩胛带肌群和背部肌肉
六	• 强化臀部、腹部、背部和肩部肌肉 • 强化颈前肌群和颈后肌群
七	• 通过“马车夫体态”使全身放松

练习一

起始姿势

- 坐在椅子上；
- 双臂于体侧自然下垂。

动作要领

- 双臂和双腿朝相反的方向活动；
- 左腿抬高，脚背勾起；
- 右臂向上拉伸；
- 右手掌心向上，朝向天花板；
- 右腿前伸，脚背勾起；
- 左臂向下拉伸；
- 左手掌心向下，朝向地面；
- 双臂和双腿交替练习；舒展四肢，拉伸全身肌肉。

重复次数

- 数次。

! 注意事项

- 保持呼吸。

练习二

起始姿势

- 坐在椅子的前 1/3 处；
- 双脚分开，与髋同宽；
- 双臂于体侧自然下垂。

动作要领

拉伸练习

- 双脚撑地；
- 收紧臀肌；
- 腹部回缩；
- 双手合十；
- 双臂向上拉伸；
- 保持这个姿势片刻；
- 双臂放回体侧；
- 全身放松。

重复次数

- 3 次。

! 注意事项

- 拉伸动作要慢；
- 手掌并拢，不要分开；
- 保持呼吸。

练习三

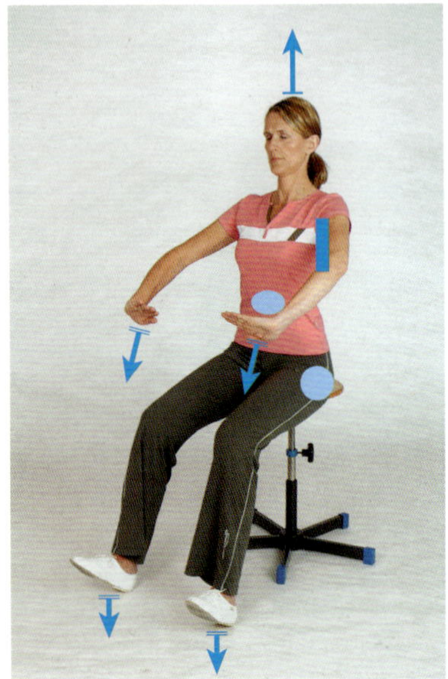

起始姿势

- 坐在椅子的前 1/3 处；
- 双脚分开，略比髋宽；
- 双臂于体侧自然下垂。

动作要领

- 脚背勾起；
- 脚跟点地；
- 伸腕，掌心向下；
- 手肘微屈；
- 收紧臀肌，腹部回缩；
- 挺直背部；
- 头部尽可能向上伸展；
- 下巴微微朝胸部方向内收；
- 双手抬至膝盖上方，朝双脚方向下压；
- 保持这个姿势片刻；
- 放下双臂，全身放松。

重复次数

- 3 次。

! 注意事项

- 双手向下压时，双臂保持弯曲；
- 保持呼吸。

练习四

起始姿势

- 坐在椅子的前 1/3 处；
- 双脚分开，与髋同宽；
- 双臂于体侧自然下垂。

动作要领

- 脚跟点地；
- 收紧臀肌；
- 腹部回缩；
- 挺直背部；
- 双手抱头；
- 上身朝右膝方向稍前屈（缓解腹肌和臀肌的压力）；
- 双肘向后上方拉伸；
- 缓缓挺直身体；
- 再次收紧腹肌和臀肌；
- 双臂放回体侧；
- 全身放松。

重复次数

- 左右两侧交替练习 2 次。

! 注意事项

- 双手不要用力压头部，否则，上身前屈时颈椎容易因受力过度而损伤；
- 保持呼吸。

练习五

起始姿势

- 坐在椅子的前 1/3 处；
- 双脚分开，与髋同宽；
- 双臂于体侧自然下垂。

动作要领

- 双脚撑地；
- 收紧臀肌；
- 腹部回缩；
- 挺直背部；
- 双手抱头；
- 身体前屈，右肘触碰左膝（缓解腹肌和臀肌的压力）；
- 慢慢抬起上身；
- 再次收紧腹肌和臀肌；
- 双臂放回体侧；
- 全身放松。

重复次数

- 左右两侧交替练习 2 次。

! 注意事项

- 身体前屈时动作要慢；
- 身体不要左右摇晃；
- 保持呼吸。

练习六

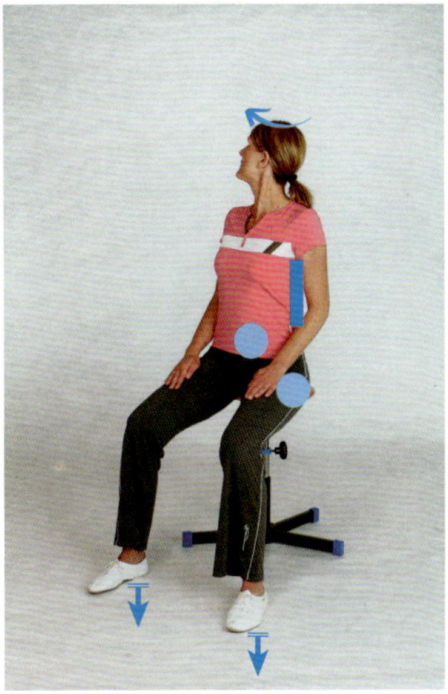

起始姿势

- 坐在椅子的前 1/3 处；
- 双脚分开，与髋同宽；
- 双手自然平放于大腿上。

动作要领

- 双脚撑地；
- 收紧臀肌；
- 腹部回缩；
- 肩部微微向后伸展；
- 挺直背部；
- 头部尽可能向上伸展；
- 下巴微微朝胸部方向内收；
- 头部缓缓向右上方转；
- 保持这个姿势片刻；
- 头部转回原位；
- 全身放松。

重复次数

- 向身体两侧交替练习 2 次。

! 注意事项

- 保持背部挺直；
- 保持呼吸。

练习七

起始姿势

- 坐在椅子上；
- 双脚分开，略比髋宽；
- 双臂于体侧自然下垂。

动作要领

- 上身前屈；
- 前臂置于大腿上；
- 双手自然悬垂于大腿内侧；
- 低头，眼睛微闭；
- 全身放松；
- 感受自己的呼吸（注意呼吸节奏）；
- 排除杂念，开始冥想；
- 慢慢挺直身体；
- 舒展四肢，拉伸全身肌肉。

重复次数

- 1 次。

! 注意事项

- 不要忘记最后的拉伸。

9 第九个练习日

练习一

练习二

练习三

练习四

练习五

练习六

练习七

练习效果

练习	效果
一	• 热身 • 强化腿部、手臂、腹部和背部肌肉 • 配合深呼吸
二	• 强化臀部和腹部肌肉 • 拉伸背部、肩部、手臂肌肉和肩胛带肌群
三	• 通过等长收缩训练增强肌肉力量，感知肌肉收缩给身体带来的变化
四	• 强化臀部、腹部和背部肌肉 • 强化肩胛带肌群和颈后肌群 • 拉伸胸部肌肉 • 增加腰椎灵活度
五	• 强化臀部肌肉 • 上身倾斜时 – 强化腹部和背部肌肉 – 拉伸腹部、背部、肩部和手臂肌肉
六	• 强化臀部和腹部肌肉 • 强化颈前肌群、颈后肌群和肩胛带肌群 • 激活颈椎
七	• 通过“马车夫体态”使全身放松

头部小常识

人体头部的重量为 7 ~ 8 千克。脊柱，尤其是颈椎及颈部肌肉的一项主要任务是支撑和活动头部。

练习一

起始姿势

- 坐在椅子上；
- 双臂于体侧自然下垂。

动作要领

- 双臂和双腿朝相反的方向活动；
- 左腿抬高，脚背勾起；
- 右臂向上拉伸；
- 右手掌心向上，朝向天花板；
- 右腿前伸，脚背勾起；
- 左臂向下拉伸；
- 左手掌心向下，朝向地面；
- 双臂和双腿交替练习；舒展四肢，拉伸全身肌肉。

重复次数

- 数次。

! 注意事项

- 保持呼吸。

9

练习二

起始姿势

- 坐在椅子的前 1/3 处；
- 双脚分开，与髋同宽；
- 双臂于体侧自然下垂。

动作要领

拉伸练习

- 双脚撑地；
- 收紧臀肌；
- 腹部回缩；
- 双臂交叉，双手掌心并拢；
- 双臂上抬，举过头顶；
- 双臂缓缓向上拉伸；
- 保持这个姿势片刻；
- 双臂放回体侧；
- 全身放松。

重复次数

- 3 次。

! 注意事项

- 拉伸时动作要慢；
- 保持呼吸。

练习三

起始姿势

- 坐在椅子的前 1/3 处；
- 双脚分开，略比髋宽；
- 双臂于体侧自然下垂。

动作要领

- 脚背勾起；
- 脚跟点地；
- 伸腕，掌心向下；
- 手肘微屈；
- 收紧臀肌，腹部回缩；
- 挺直背部；
- 头部尽可能向上伸展；
- 下巴微微朝胸部方向内收；
- 双臂抬至齐胸高度，双手向前推；
- 保持这个姿势片刻；
- 放下双臂，全身放松。

重复次数

- 3 次。

! 注意事项

- 双手向前推时，双臂保持弯曲；
- 保持呼吸。

练习四

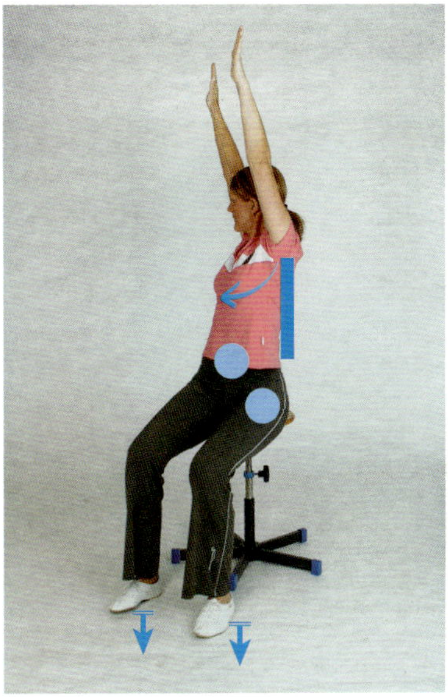

起始姿势

- 坐在椅子的前 1/3 处；
- 双脚分开，与髋同宽；
- 双臂于体侧自然下垂。

动作要领

- 双脚撑地；
- 收紧臀肌；
- 腹部回缩；
- 挺直背部；
- 双臂举过头顶，向上拉伸；
- 上身缓缓向右转，头跟着一起转动；
- 保持这个姿势片刻；
- 上身还原；
- 双臂放回体侧；
- 全身放松。

重复次数

- 向身体两侧交替练习 2 次。

! 注意事项

- 身体不要左右摇晃；
- 保持呼吸。

练习五

起始姿势

- 坐在椅子的前 1/3 处；
- 双脚分开，与髋同宽；
- 双臂于体侧自然下垂。

动作要领

- 双脚撑地；
- 收紧臀肌；
- 腹部回缩；
- 挺直背部；
- 双臂举过头顶，向上拉伸；
- 上身缓缓向右倾斜；
- 保持这个姿势片刻；
- 上身还原；
- 双臂放回体侧；
- 全身放松。

重复次数

- 向身体两侧交替练习 2 次。

! 注意事项

- 身体不要左右摇晃；
- 保持呼吸。

练习六

起始姿势

- 坐在椅子的前 1/3 处；
- 双脚分开，与髋同宽；
- 双手自然平放于大腿上。

动作要领

- 双脚撑地；
- 收紧臀肌，腹部回缩；
- 挺直背部；
- 肩部微微向后伸展；
- 头部尽可能向上伸展；
- 下巴微微朝胸部方向内收；
- 头部缓缓向右转，朝肩膀方向下压；
- 保持这个姿势片刻；
- 头部抬起，再转回原位；
- 全身放松。

重复次数

- 向身体两侧交替练习 2 次。

! 注意事项

- 保持背部挺直；
- 保持呼吸。

练习七

起始姿势

- 坐在椅子上；
- 双脚分开，略比髋宽；
- 双臂于体侧自然下垂。

动作要领

- 上身前屈；
- 前臂置于大腿上；
- 双手自然悬垂于大腿内侧；
- 低头，眼睛微闭；
- 全身放松；
- 感受自己的呼吸（注意呼吸节奏）；
- 排除杂念，开始冥想；
- 慢慢挺直身体；
- 舒展四肢，拉伸全身肌肉。

重复次数

- 1 次。

! 注意事项

- 不要忘记最后的拉伸。

10 第十个练习日

练习一

练习二

练习三

练习四

练习五

练习六

练习七

练习效果

练习	效果
一	• 热身 • 强化腿部、手臂、腹部和背部肌肉 • 配合深呼吸
二	• 强化臀部和腹部肌肉 • 拉伸背部、手臂、肩部肌肉和肩胛带肌群
三	• 通过等长收缩训练增强肌肉力量，感知肌肉收缩给身体带来的变化
四	• 强化臀部、腹部、背部肌肉，以及肩胛带肌群、颈前肌群和颈后肌群 • 拉伸胸部和腹部肌肉 • 增加腰椎灵活度
五	• 强化臀部、腹部、背部、手臂肌肉，以及颈前肌群和颈后肌群 • 激活颈椎
六	• 强化臀部、腹部、背部肌肉，以及肩胛带肌群、颈前肌群和颈后肌群 • 激活颈椎
七	• 通过“马车夫体态”使全身放松

关于颈椎的小常识

颈椎由上、下两部分组成：上半部分也称为寰枢关节，由第1颈椎（寰椎）和第2颈椎（枢椎）组成。这两块椎骨有着各自不同的结构，它们联合起来使头部能够进行俯仰运动和旋转运动。下半部分由5块形状相似的颈椎组成，从枢椎的下椎板延伸到第1胸椎的表面。这部分结构使颈椎能够屈曲和伸展，使头部能够侧屈和旋转。

练习一

起始姿势

- 坐在椅子上；
- 双臂于体侧自然下垂。

动作要领

- 双臂和双腿朝相反的方向活动；
- 左腿抬高，脚背勾起；
- 右臂向上拉伸；
- 右手掌心向上，朝向天花板；
- 右腿前伸，脚背勾起；
- 左臂向下拉伸；
- 左手掌心向下，朝向地面；
- 双臂和双腿交替练习；舒展四肢，拉伸全身肌肉。

重复次数

- 数次。

! 注意事项

- 保持呼吸。

练习二

起始姿势

- 坐在椅子的前 1/3 处；
- 双脚分开，与髋同宽；
- 双臂于体侧自然下垂。

动作要领

拉伸练习

- 双脚撑地；
- 收紧臀肌；
- 腹部回缩；
- 双臂举过头顶，向上拉伸；
- 掌心向上，朝向天花板；
- 右臂缓缓向上拉伸；
- 保持这个姿势片刻；
- 收回双臂；
- 双臂放回体侧；
- 全身放松。

重复次数

- 双臂交替练习 2 次。

! 注意事项

- 拉伸时，上臂伸直；
- 保持呼吸。

练习三

起始姿势

- 坐在椅子的前 1/3 处；
- 双脚分开，略比髋宽；
- 双臂于体侧自然下垂。

动作要领

- 脚背勾起，脚跟点地；
- 伸腕，掌心向下；
- 手肘微屈；
- 收紧臀肌，腹部回缩；
- 挺直背部；
- 头部尽可能向上伸展；
- 下巴微微朝胸部方向内收；
- 右手向上推；
- 左手向下压；
- 保持这个姿势片刻；
- 放下双臂，全身放松。

重复次数

- 左右两侧交替练习 2 次。

! 注意事项

- 双臂保持弯曲；
- 保持呼吸。

练习四

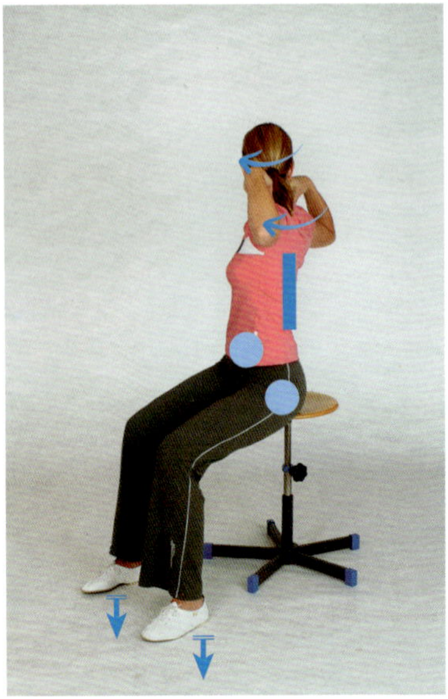

起始姿势

- 坐在椅子的前 1/3 处；
- 双脚分开，与髋同宽；
- 双臂于体侧自然下垂。

动作要领

- 双脚撑地；
- 收紧臀肌，腹部回缩；
- 挺直背部；
- 双手搭在肩膀上，呈拱形；
- 右肘向右后方转动；
- 上身和头部同时转动，目视肘部；
- 保持这个姿势片刻；
- 上身和头部还原；
- 双臂放回体侧；
- 全身放松。

重复次数

- 向身体两侧交替练习 2 次。

! 注意事项

- 身体不要左右摇晃；
- 肘部保持与肩平齐；
- 保持呼吸。

练习五

起始姿势

- 坐在椅子的前 1/3 处；
- 双脚分开，与髋同宽；
- 双臂于体侧自然下垂。

动作要领

- 双脚撑地；
- 收紧臀肌，腹部回缩；
- 挺直背部；
- 双臂外展至与肩平齐；
- 伸腕，掌心向外；
- 头部缓缓向右转；
- 目视右手；
- 头部缓缓向左转；
- 目视左手；
- 双臂放回体侧；
- 全身放松。

重复次数

- 向身体两侧交替练习数次。

! 注意事项

- 转头时动作要慢；
- 保持呼吸。

练习六

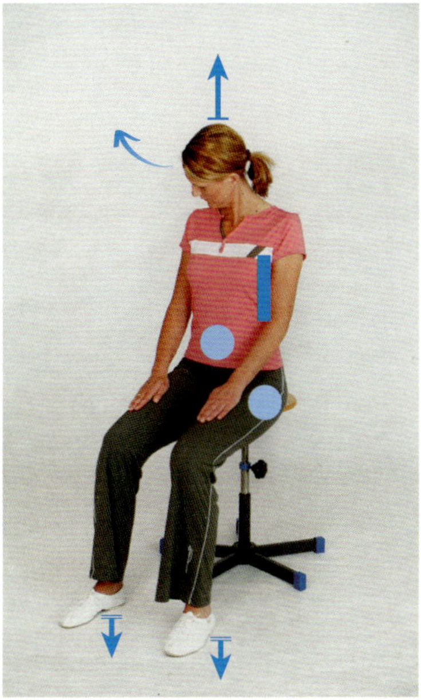

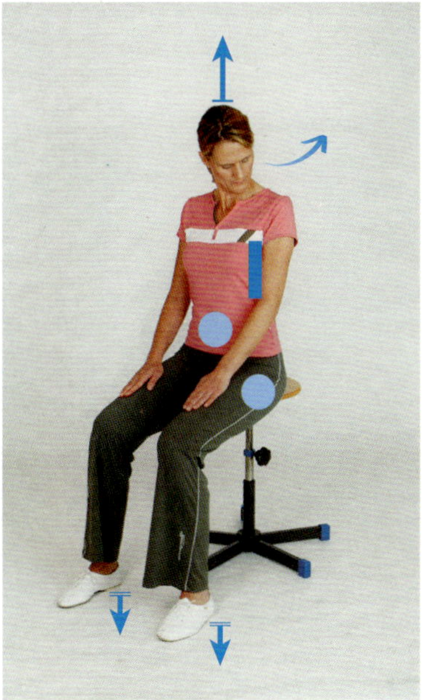

起始姿势

- 坐在椅子的前 1/3 处；
- 双脚分开，与髋同宽；
- 双手自然平放于大腿上。

动作要领

- 双脚撑地；
- 收紧臀肌；
- 腹部回缩；
- 肩部微微向后伸展；
- 挺直背部；
- 头部尽可能向上伸；
- 下巴微微朝胸部方向内收；
- 头部前倾；
- 头部先缓缓向右转，再向左转；
- 目光始终注视头部活动的方向；
- 头部转回正中位置，抬头；
- 全身放松。

重复次数

- 向身体两侧交替练习数次。

! 注意事项

- 头部前倾时保持放松；
- 保持呼吸。

练习七

起始姿势

- 坐在椅子上；
- 双脚分开，略比髋宽；
- 双臂于体侧自然下垂。

动作要领

- 上身前屈；
- 前臂置于大腿上；
- 双手自然悬垂于大腿内侧；
- 低头，眼睛微闭；
- 全身放松；
- 感受自己的呼吸（注意呼吸节奏）；
- 排除杂念，开始冥想；
- 慢慢挺直身体；
- 舒展四肢，拉伸全身肌肉。

重复次数

- 1 次。

! 注意事项

- 不要忘记最后的拉伸。

11 第十一个练习日

练习一

练习二

练习三

练习四

练习五

练习六

练习七

练习效果

练习	效果
一	• 热身 • 强化腿部、手臂、腹部和背部肌肉 • 促进深呼吸
二	• 强化颈前肌群和颈后肌群 • 拉伸腹部、手臂、胸部和肩部肌肉
三	• 通过等长收缩训练增强肌肉力量，感知肌肉收缩给身体带来的变化
四	• 强化臀部、腹部、背部、手臂肌肉，以及肩胛带肌群、颈前肌群和颈后肌群 • 强化胸部和肩部肌肉
五	• 强化臀部、腹部、背部、手臂肌肉，以及肩胛带肌群、颈前肌群和颈后肌群 • 强化胸部和肩部肌肉
六	• 强化臀部、腹部和背部肌肉 • 拉伸肩部肌肉、颈前肌群和颈后肌群 • 激活颈椎
七	• 通过“马车夫体态”使全身放松

练习一

起始姿势

- 坐在椅子上；
- 双臂于体侧自然下垂。

动作要领

- 双臂和双腿朝相反的方向活动；
- 左腿抬高，脚背勾起；
- 右臂向上拉伸；
- 右手掌心向上，朝向天花板；
- 右腿前伸，脚背勾起；
- 左臂向下拉伸；
- 左手掌心向下，朝向地面；
- 双臂和双腿交替练习；舒展四肢，拉伸全身肌肉。

重复次数

- 数次。

! 注意事项

- 保持呼吸。

练习二

起始姿势

- 坐在椅子的前 1/3 处；
- 双脚分开，与髋同宽；
- 双臂于体侧自然下垂。

动作要领

拉伸练习
- 背部挺直；
- 上身向右倾；
- 右臂自然下垂；
- 左臂上举，高过头顶；
- 缓缓拉伸左臂；
- 目视左手；
- 保持这个姿势片刻；
- 左臂放回体侧；
- 上身还原；
- 全身放松。

重复次数

- 双臂交替练习 2 次。

! 注意事项

- 拉伸动作要慢；
- 保持呼吸。

练习三

起始姿势

- 坐在椅子的前 1/3 处；
- 双脚分开，略比髋宽；
- 双臂于体侧自然下垂。

动作要领

- 脚背勾起，脚跟点地；
- 伸腕，掌心向下；
- 手肘微屈；
- 收紧臀肌，腹部回缩；
- 挺直背部；
- 头部尽可能向上伸展；
- 下巴微微朝胸部方向内收；
- 双臂外展至与肩平齐；
- 双手向体侧外推；
- 保持这个姿势片刻；
- 放下双臂，全身放松。

重复次数

- 3 次。

! 注意事项

- 双手外推时，双臂保持弯曲；
- 保持呼吸。

练习四

起始姿势

- 坐在椅子的前 1/3 处；
- 双脚分开，与髋同宽；
- 双臂于体侧自然下垂。

动作要领

- 双脚撑地；
- 收紧臀肌；
- 腹部回缩；
- 挺直背部；
- 头部尽可能向上伸展；
- 下巴微微朝胸部方向内收；
- 双臂外展至与肩平齐；
- 双臂于肩关节处旋转；
- 拇指先指向地面，再指向天花板；
- 放下双臂；
- 全身放松。

重复次数

- 数次。

! 注意事项

- 保持背部挺直；
- 保持呼吸。

练习五

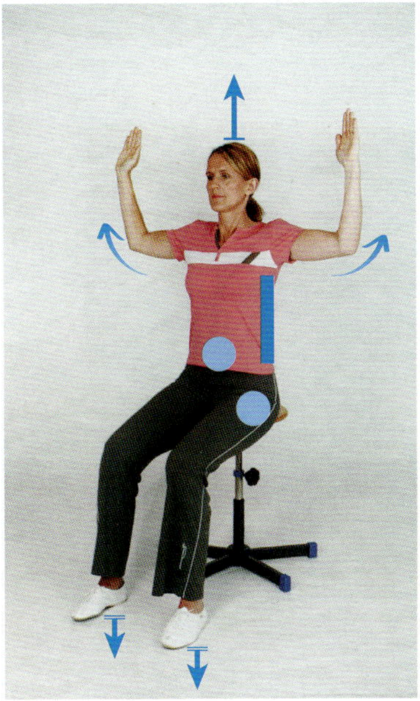

起始姿势

- 坐在椅子的前 1/3 处；
- 双脚分开，与髋同宽；
- 双臂于体侧自然下垂。

动作要领

- 双脚撑地；
- 收紧臀肌；
- 腹部回缩；
- 挺直背部；
- 头部尽可能向上伸展；
- 下巴微微朝胸部方向内收；
- 双臂外展至与肩平齐；
- 肘部弯曲；
- 转动前臂；
- 双手先向上举，再向下摆；
- 放下双臂；
- 全身放松。

重复次数

- 数次。

! 注意事项

- 上臂保持与肩平齐；
- 保持呼吸。

练习六

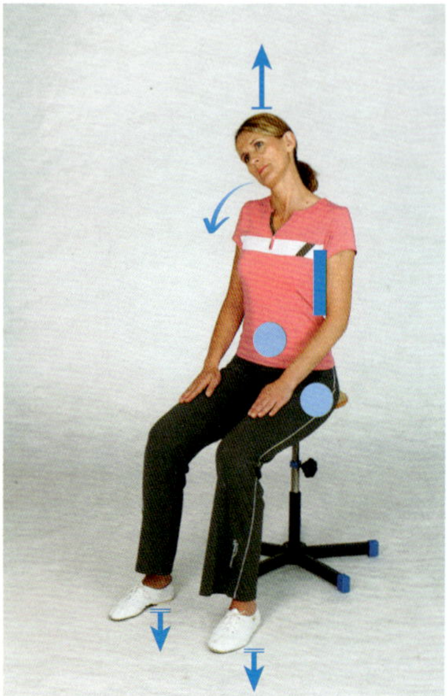

起始姿势

- 坐在椅子的前 1/3 处；
- 双脚分开，与髋同宽；
- 双手自然平放于大腿上。

动作要领

- 双脚撑地；
- 收紧臀肌，腹部回缩；
- 挺直背部，肩部微微向后伸展；
- 头部尽可能向上伸展；
- 下巴微微朝胸部方向内收；
- 头部向身体右侧倾斜；
- 右耳尽量贴近右肩；
- 视线聚焦在一个点不动；
- 保持这个姿势片刻；
- 头部还原，全身放松。

重复次数

- 向身体两侧交替练习 2 次。

! 注意事项

- 不要转动头部；
- 目视前方，不要耸肩；
- 保持呼吸。

练习七

起始姿势

- 坐在椅子上；
- 双脚分开，略比髋宽；
- 双臂于体侧自然下垂。

动作要领

- 上身前屈；
- 前臂置于大腿上；
- 双手自然悬垂于大腿内侧；
- 低头，眼睛微闭；
- 全身放松；
- 感受自己的呼吸（注意呼吸节奏）；
- 排除杂念，开始冥想；
- 慢慢挺直身体；
- 舒展四肢，拉伸全身肌肉。

重复次数

- 1 次。

! 注意事项

- 不要忘记最后的拉伸。

12 第十二个练习日

练习一

练习二

练习三

练习四

练习五

练习六

练习七

练习效果

练习	效果
一	• 热身 • 强化腿部、手臂、腹部和背部肌肉 • 配合深呼吸
二	• 强化臀部、腹部肌肉，以及颈前肌群和颈后肌群 • 拉伸胸部、背部、手臂、肩部肌肉和肩胛带肌群
三	• 通过等长收缩训练增强肌肉力量，感知肌肉收缩给身体带来的变化
四	• 强化臀部、腹部、背部、肩部肌肉和肩胛带肌群 • 激活肩关节
五	• 强化臀部、腹部、背部、肩部肌肉和肩胛带肌群 • 激活肩关节
六	• 强化臀部、腹部和背部肌肉 • 拉伸手臂、颈部、肩部肌肉和肩胛带肌群
七	• 通过“马车夫体态”使全身放松

练习一

起始姿势

- 坐在椅子上；
- 双臂于体侧自然下垂。

动作要领

- 双臂和双腿朝相反的方向活动；
- 左腿抬高，脚背勾起；
- 右臂向上拉伸；
- 右手掌心向上，朝向天花板；
- 右腿前伸，脚背勾起；
- 左臂向下拉伸；
- 左手掌心向下，朝向地面；
- 双臂和双腿交替练习；舒展四肢，拉伸全身肌肉。

重复次数

- 数次。

! 注意事项

- 保持呼吸。

练习二

起始姿势

- 坐在椅子的前 1/3 处；
- 双脚分开，与髋同宽；
- 双臂于体侧自然下垂。

动作要领

- 双脚撑地；
- 收紧臀肌；
- 腹部回缩；
- 双臂举过头顶，向上拉伸；
- 掌心向内；
- 抬头，目视右手；
- 头部还原；
- 抬头，目光转向左手；
- 头部还原；
- 双臂放回体侧；
- 全身放松。

重复次数

- 向身体两侧交替练习 2 次。

! 注意事项

- 每次抬头后，将头部转回正中位置；
- 保持呼吸。

练习三

起始姿势

- 坐在椅子的前 1/3 处；
- 双脚分开，略比髋宽；
- 双臂于体侧自然下垂。

动作要领

- 脚背勾起；
- 脚跟点地；
- 伸腕，掌心向下；
- 手肘微屈；
- 收紧臀肌；
- 腹部回缩；
- 挺直背部；
- 头部尽可能向上伸展；
- 下巴微微朝胸部方向内收；
- 上身略微向右转；
- 双臂抬至身体右侧；
- 双手朝地面方向下压；
- 保持这个姿势片刻；
- 上身还原；
- 放下双臂；
- 全身放松。

重复次数

- 向身体两侧交替练习 2 次。

! 注意事项

- 双手下压时，双臂保持弯曲；
- 保持呼吸。

练习四

起始姿势

- 坐在椅子的前 1/3 处；
- 双脚分开，与髋同宽；
- 双臂于体侧自然下垂。

动作要领

- 双脚撑地；
- 收紧臀肌；
- 腹部回缩；
- 挺直背部；
- 头部尽可能向上伸展；
- 下巴微微朝胸部方向内收；
- 双臂置于身后，双手握对侧前臂；
- 抬起双臂，双手交叉，置于头部后方；
- 双手触肩；
- 以上两个动作交替练习数次；
- 放下手臂；
- 全身放松。

重复次数

- 数次。

! 注意事项

- 保持背部挺直；
- 保持呼吸。

练习五

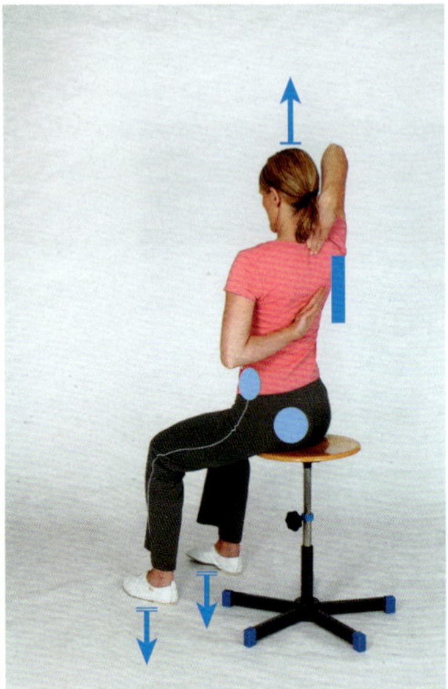

起始姿势

- 坐在椅子的前 1/3 处；
- 双脚分开，与髋同宽；
- 双臂于体侧自然下垂。

动作要领

- 双脚撑地；
- 收紧臀肌，腹部回缩，挺直背部；
- 头部尽可能向上伸展；
- 下巴微微朝胸部方向内收；
- 双手置于背后，一只手从下往上，另一只手从上往下，试着相互碰触；指尖相触时，双手常常位于身体的一侧；
- 双手交替练习数次；
- 放下双臂，全身放松。

重复次数

- 数次。

! 注意事项

- 保持背部挺直；
- 双手不是每次都可以在背后相触；
- 保持呼吸。

练习六

起始姿势

- 坐在椅子的前 1/3 处；
- 双脚分开，与髋同宽；
- 双手自然平放于大腿上。

动作要领

拉伸练习

- 双脚撑地；
- 收紧臀肌，腹部回缩，挺直背部；
- 肩部微微向后伸展；
- 头部尽可能向上伸展；
- 下巴微微朝胸部方向内收；
- 头部向身体右侧倾斜；
- 左臂贴于身侧；
- 左臂慢慢地朝地面方向向下拉伸；
- 头部还原，全身放松。

重复次数

- 向身体两侧交替练习 2 次。

! 注意事项

- 不要转动头部；
- 目视前方；
- 保持呼吸。

练习七

起始姿势

- 坐在椅子上；
- 双脚分开，略比髋宽；
- 双臂于体侧自然下垂。

动作要领

- 上身前屈；
- 前臂置于大腿上；
- 双手自然悬垂于大腿内侧；
- 低头，眼睛微闭；
- 全身放松；
- 感受自己的呼吸（注意呼吸节奏）；
- 排除杂念，开始冥想；
- 慢慢挺直身体；
- 舒展四肢，拉伸全身肌肉。

重复次数

- 1 次。

! 注意事项

- 不要忘记最后的拉伸。

13 第十三个练习日

练习一

练习二

练习三

练习四

练习五

练习六

练习七

练习效果

练习	效果
一	• 热身 • 强化腿部、手臂、腹部和背部肌肉 • 配合深呼吸
二	• 强化臀部、腹部、肩胛带和背部肌肉 • 拉伸手臂、肩部肌肉和肩胛带肌群
三	• 通过等长收缩训练增强肌肉力量，感知肌肉收缩给身体带来的变化
四	• 强化肩胛带肌群、腹部和胸部肌肉 • 激活髋关节、肩关节和脊柱
五	• 拉伸背部肌肉 • 激活脊柱
六	• 强化臀部、腹部、背部肌肉和肩胛带肌群 • 拉伸颈前肌群和颈后肌群 • 激活颈椎
七	• 通过“马车夫体态”使全身放松

为什么几乎每个练习都要收紧臀肌、腹肌和背肌?

臀肌、腹肌和背肌这些肌群对直立行走起着不可或缺的作用。臀肌还起着使骨盆保持中立位的作用，臀肌紧张时，骶骨向下转，腰椎的弯曲度变小，即脊柱前凸度变小。下背部肌肉紧张时，腰椎的前凸度也会变小。腹肌对保持直立的体态起着至关重要的作用，腹肌紧张时也能使脊柱弯曲度变小。

臀肌和腹肌都属于肌群，它们很容易疲劳，力量训练常常包括锻炼臀肌和腹肌。练习时要挺胸，这样能确保动作更准确，从而保证练习的效果。

练习一

起始姿势

- 坐在椅子上；
- 双臂于体侧自然下垂。

动作要领

- 双臂和双腿朝相反的方向活动；
- 左腿抬高，脚背勾起；
- 右臂向上拉伸；
- 右手掌心向上，朝向天花板；
- 右腿前伸，脚背勾起；
- 左臂向下拉伸；
- 左手掌心向下，朝向地面；
- 双臂和双腿交替练习；舒展四肢，拉伸全身肌肉。

重复次数

- 数次。

! 注意事项

- 保持呼吸。

练习二

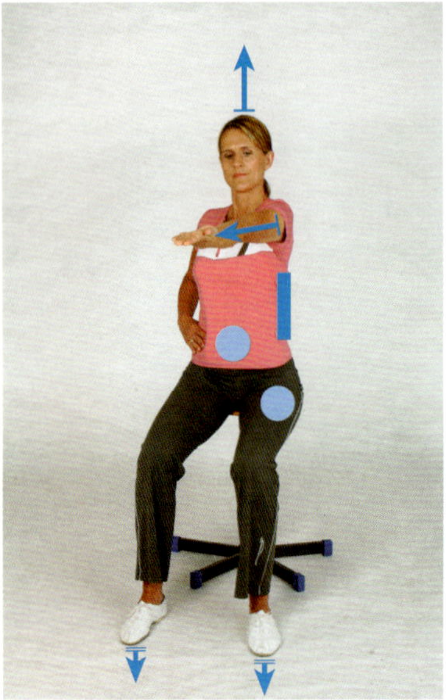

起始姿势

- 坐在椅子的前 1/3 处；
- 双脚分开，与髋同宽；
- 双臂于体侧自然下垂。

动作要领

拉伸练习

- 双脚撑地；
- 收紧臀肌；
- 腹部回缩；
- 挺直背部；
- 头部尽可能向上伸展；
- 下巴微微朝胸部方向内收；
- 右手置于骨盆处；
- 左臂前伸，与肩平齐；
- 左手掌心向上；
- 左臂向前拉伸；
- 左肩向前拉伸；
- 右肩向后拉伸；
- 双臂交替练习；
- 放下双臂，全身放松。

重复次数

- 数次。

! 注意事项

- 保持背部挺直；
- 只拉伸手臂和肩部；
- 保持呼吸。

练习三

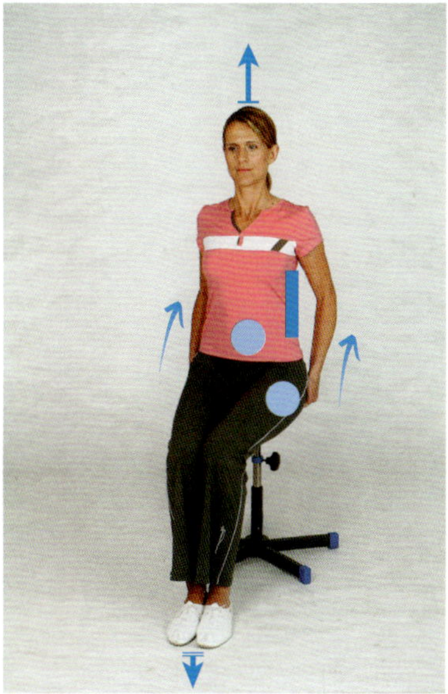

起始姿势

- 坐在椅子的前 1/3 处；
- 双脚并拢；
- 双臂于体侧自然下垂。

动作要领

- 双脚撑地；
- 收紧臀肌，腹部回缩；
- 挺直背部；
- 头部尽可能向上伸展；
- 下巴微微朝胸部方向内收；
- 双手抓住座椅的侧缘；
- 双臂弯曲，上提椅面；
- 保持这个姿势片刻；
- 全身放松。

重复次数

- 3 次。

! 注意事项

- 身体不要后仰；
- 保持背部挺直；
- 保持呼吸。

练习四

起始姿势

- 坐在椅子的前 1/3 处；
- 双脚分开，与髋同宽；
- 双臂于体侧自然下垂。

动作要领

- 挺直背部；
- 双臂上抬至齐肩高度；
- 肘部弯曲；
- 右腿抬起，靠近腹部；
- 左肘轻触右膝；
- 放下右腿；
- 放下双臂；
- 左腿和右臂做同样的练习。

重复次数

- 数次。

! 注意事项

- 练习时，头部和胸部的活动要保持同步；
- 保持呼吸。

练习五

起始姿势

- 坐在椅子的前 1/3 处；
- 双脚分开，与髋同宽；
- 双臂于体侧自然下垂。

动作要领

- 双脚撑地；
- 收紧臀肌；
- 腹部回缩；
- 挺直背部；
- 双手抱头；
- 上身朝右膝方向前屈（缓解腹肌和臀肌的压力）；
- 双肘触碰右膝；
- 慢慢抬起上身；
- 再次收紧腹肌和臀肌；
- 双臂放回体侧；
- 全身放松。

重复次数

- 向身体两侧交替练习 2 次。

! 注意事项

- 保持呼吸。

练习六

起始姿势

- 坐在椅子的前 1/3 处；
- 双脚分开，与髋同宽；
- 双臂于体侧自然下垂。

动作要领

拉伸练习

- 双脚撑地；
- 收紧臀肌，腹部回缩，挺直背部；
- 肩部微微向后伸展；
- 头部尽可能向上伸展，下巴微微朝胸部方向内收；
- 伸腕，掌心向下；
- 头部向身体右侧倾斜；
- 双臂朝地面方向拉伸；
- 保持这个姿势片刻；
- 头部回到原位，全身放松。

重复次数

- 向身体两侧交替练习 2 次。

! 注意事项

- 不要转动头部，始终目视前方；
- 保持呼吸。

练习七

起始姿势

- 坐在椅子上；
- 双脚分开，略比髋宽；
- 双臂于体侧自然下垂。

动作要领

- 上身前屈；
- 前臂置于大腿上；
- 双手自然悬垂于大腿内侧；
- 低头，眼睛微闭；
- 全身放松；
- 感受自己的呼吸（注意呼吸节奏）；
- 排除杂念，开始冥想；
- 慢慢挺直身体；
- 舒展四肢，拉伸全身肌肉。

重复次数

- 1 次。

! 注意事项

- 不要忘记最后的拉伸。

14 第十四个练习日

练习一

练习二

练习三

练习四

练习五

练习六

练习七

练习效果

练习	效果
一	• 热身 • 强化腿部、手臂、腹部和背部肌肉 • 配合深呼吸
二	• 强化臀部、腹部、背部肌肉和肩胛带肌群 • 拉伸胸部、手臂和肩部肌肉
三	• 通过等长收缩训练增强肌肉力量，感知肌肉收缩给身体带来的变化
四	• 强化臀部、腹部、背部、肩部、手臂肌肉，以及肩胛带肌群、颈前肌群和颈后肌群
五	• 强化臀部、腹部、背部、胸部、肩部、手臂肌肉，以及肩胛带肌群、颈前肌群和颈后肌群 • 激活肩关节
六	• 强化臀部、腹部、背部肌肉，以及肩胛带肌群、颈前肌群和颈后肌群 • 激活颈椎
七	• 通过“马车夫体态”使全身放松

关于练习二的说明

肘部向内转时，胸部、手臂和肩部的肌肉紧张。

练习一

起始姿势

- 坐在椅子上；
- 双臂于体侧自然下垂。

动作要领

- 双臂和双腿朝相反的方向活动；
- 左腿抬高，脚背勾起；
- 右臂向上拉伸；
- 右手掌心向上，朝向天花板；
- 右腿前伸，脚背勾起；
- 左臂向下拉伸；
- 左手掌心向下，朝向地面；
- 双臂和双腿交替练习；舒展四肢，拉伸全身肌肉。

重复次数

- 数次。

! 注意事项

- 保持呼吸。

练习二

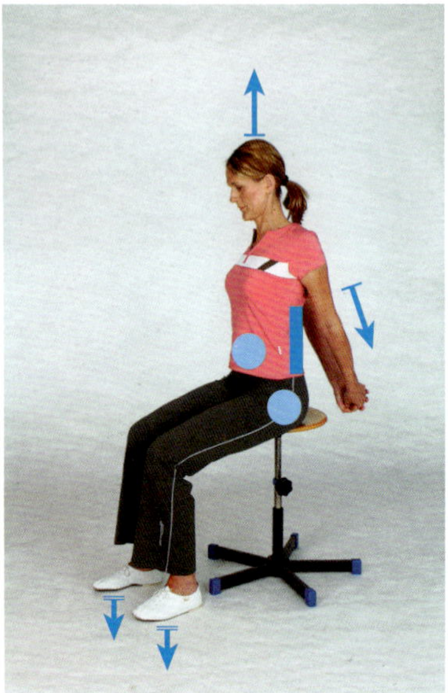

起始姿势

- 坐在椅子的前 1/3 处；
- 双脚分开，与髋同宽；
- 双臂于体侧自然下垂。

动作要领

拉伸练习

- 双脚撑地；
- 收紧臀肌，腹部回缩，挺直背部；
- 头部尽可能向上伸展；
- 下巴微微朝胸部方向内收；
- 双手于背后交叠；
- 双臂向后下方拉伸；
- 肘部向内转；
- 保持这个姿势片刻；
- 放下双臂，全身放松。

重复次数

- 3 次。

! 注意事项

- 保持背部挺直；
- 保持腹肌紧张；
- 保持呼吸。

练习三

起始姿势

- 坐在椅子的前 1/3 处；
- 双脚分开，与髋同宽；
- 双臂于体侧自然下垂。

动作要领

- 双脚撑地；
- 收紧臀肌，腹部回缩，挺直背部；
- 头部尽可能向上伸展；
- 下巴微微朝胸部方向内收；
- 双手交叠在一起；
- 双臂抬至齐胸高度；
- 双手用力互压；
- 双臂慢慢向前伸展；
- 保持这个姿势片刻；
- 放下双臂，全身放松。

重复次数

- 3 次。

! 注意事项

- 保持背部挺直；
- 保持呼吸。

练习四

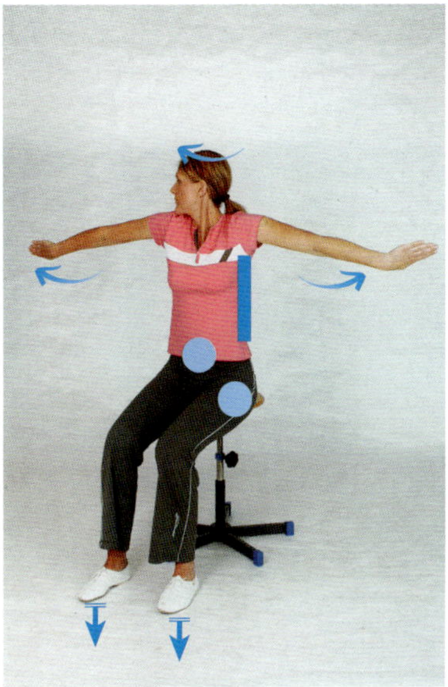

起始姿势

- 坐在椅子的前 1/3 处；
- 双脚分开，与髋同宽；
- 双臂于体侧自然下垂。

动作要领

- 双脚撑地；
- 收紧臀肌；
- 腹部回缩；
- 挺直背部；
- 头部尽可能向上伸展；
- 下巴微微朝胸部方向内收；
- 双臂外展至齐肩高度；
- 双臂内旋；
- 掌心向上；
- 头部向右转；
- 目视掌心；
- 保持这个姿势片刻；
- 头部转回正中位置；
- 双臂转回原位；
- 全身放松；
- 头部转向左侧，重复同样的练习。

重复次数

- 向身体两侧交替练习 2 次。

! 注意事项

- 保持背部挺直；
- 头部转动时动作要慢；
- 保持呼吸。

练习五

起始姿势

- 坐在椅子的前 1/3 处；
- 双脚分开，与髋同宽；
- 双臂于体侧自然下垂。

动作要领

- 双脚撑地；
- 收紧臀肌；
- 腹部回缩；
- 挺直背部；
- 头部尽可能向上伸展；
- 下巴微微朝胸部方向内收；
- 双臂外展至与肩平齐；
- 双臂先向前画圈，再向后画圈；
- 放下双臂；
- 全身放松。

重复次数

- 双臂分别向前、向后画圈数次。

! 注意事项

- 保持背部挺直；
- 保持呼吸。

练习六

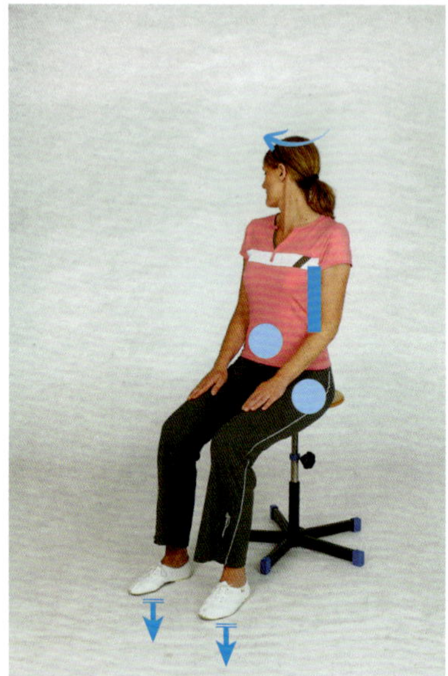

起始姿势

- 坐在椅子的前 1/3 处；
- 双脚分开，与髋同宽；
- 双手自然平放于大腿上。

动作要领

- 双脚撑地；
- 收紧臀肌，腹部回缩；
- 挺直背部；
- 头部尽可能向上伸展；
- 下巴微微朝胸部方向内收；
- 头部向右转；
- 目光越过肩部向后望向地面；
- 保持这个姿势片刻；
- 头部转回原位；
- 全身放松。

重复次数

- 向身体左右两侧交替练习 2 次。

! 注意事项

- 头部转动时动作要慢；
- 保持背部挺直；
- 保持呼吸。

练习七

起始姿势

- 坐在椅子上；
- 双脚分开，略比髋宽；
- 双臂于体侧自然下垂。

动作要领

- 上身前屈；
- 前臂置于大腿上；
- 双手自然悬垂于大腿内侧；
- 低头，眼睛微闭；
- 全身放松；
- 感受自己的呼吸（注意呼吸节奏）；
- 排除杂念，开始冥想；
- 慢慢挺直身体；
- 舒展四肢，拉伸全身肌肉。

重复次数

- 1 次。

! 注意事项

- 不要忘记最后的拉伸。

15 第十五个练习日

练习一

练习二

练习三

练习四

练习五

练习六

练习七

练习效果

练习	效果
一	• 热身 • 强化腿部、手臂、腹部和背部肌肉 • 配合深呼吸
二	• 强化臀部、腹部、背部肌肉和肩胛带肌群 • 拉伸胸部、手臂和肩部肌肉
三	• 强化手臂肌肉、肩胛带肌群、颈后肌群
四	• 强化臀部、腹部、背部、手臂肌肉和颈后肌群 • 激活肩关节
五	• 强化臀部、腹部、背部、手臂肌肉和颈后肌群 • 激活肩关节
六	• 强化臀部、腹部、背部肌肉，以及颈前肌群和颈后肌群 • 增加腰椎灵活度
七	• 通过“马车夫体态”使全身放松

练习一

起始姿势

- 坐在椅子上；
- 双臂于体侧自然下垂。

动作要领

- 双臂和双腿朝相反的方向活动；
- 左腿抬高，脚背勾起；
- 右臂向上拉伸；
- 右手掌心向上，朝向天花板；
- 右腿前伸，脚背勾起；
- 左臂向下拉伸；
- 左手掌心向下，朝向地面；
- 双臂和双腿交替练习；舒展四肢，拉伸全身肌肉。

重复次数

- 数次。

! 注意事项

- 保持呼吸。

练习二

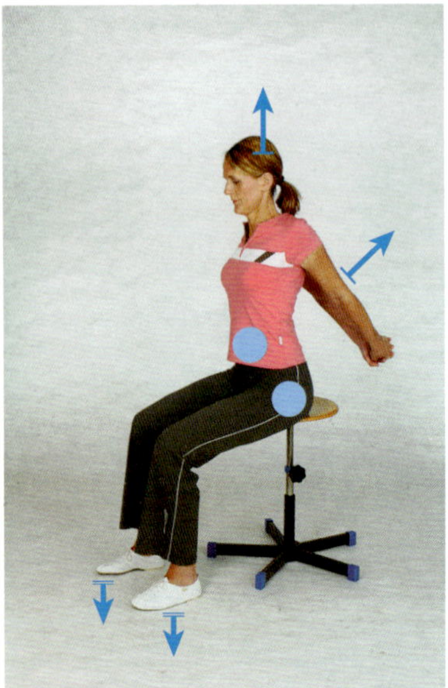

起始姿势

- 坐在椅子的前 1/3 处；
- 双脚分开，与髋同宽；
- 双臂于体侧自然下垂。

动作要领

拉伸练习
- 双脚撑地；
- 收紧臀肌；
- 腹部回缩；
- 头部尽可能向上伸展；
- 下巴微微朝胸部方向内收；
- 双手于背后交叠；
- 双臂向后上方拉伸；
- 保持这个姿势片刻；
- 放下双臂；
- 全身放松。

重复次数

- 3 次。

! 注意事项

- 保持腹肌紧张；
- 保持呼吸。

练习三

起始姿势

- 坐在椅子的前 1/3 处；
- 双手抓住座椅的侧缘；
- 双腿前伸；
- 脚跟着地。

动作要领

- 双臂支撑全身；
- 臀部抬离椅面；
- 臀部缓缓下降，直至低于座椅的边缘；
- 借助双臂的力量抬起臀部；
- 恢复起始姿势；
- 全身放松。

重复次数

- 2 ~ 3 次。

! 注意事项

- 如果肩关节处有痛感，请立即停止练习；
- 保持呼吸。

练习四

起始姿势

- 坐在椅子的前 1/3 处；
- 双脚分开，与髋同宽；
- 双臂于体侧自然下垂。

动作要领

- 双脚撑地；
- 收紧臀肌，腹部回缩，挺直背部；
- 头部尽可能向上伸展，下巴微微朝胸部方向内收；
- 双手握拳；
- 双拳搭在肩膀上；
- 右臂向前拉伸；
- 张开右手；
- 左臂向后拉伸；
- 张开左手；
- 双拳放回肩膀上；
- 双臂交替练习。

重复次数

- 数次。

! 注意事项

- 快速摆动双臂，但不要用力过猛；
- 保持呼吸。

练习五

起始姿势

- 坐在椅子的前 1/3 处；
- 双脚分开，与髋同宽；
- 双臂于体侧自然下垂。

动作要领

- 双脚撑地；
- 收紧臀肌，腹部回缩，挺直背部；
- 头部尽可能向上伸展，下巴微微朝胸部方向内收；
- 双手握拳；
- 双拳搭在肩膀上；
- 右臂向上拉伸；
- 张开右手；
- 左臂向后下方拉伸；
- 张开左手；
- 双拳放回肩膀上；
- 双臂交替练习。

重复次数

- 数次。

! 注意事项

- 快速摆动双臂，但不要用力过猛；
- 保持呼吸。

15

练习六

起始姿势

- 坐在椅子的前 1/3 处；
- 双脚分开，与髋同宽；
- 双臂于体侧自然下垂。

动作要领

- 双脚撑地；
- 收紧臀肌，腹部回缩，挺直背部；
- 头部尽可能向上伸展；
- 下巴微微朝胸部方向内收；
- 右肩向前拉伸；
- 左肩向后拉伸；
- 头部缓缓向右转；
- 目光越过右肩，向后望向地面；
- 保持这个姿势片刻；
- 头部和肩部还原；
- 全身放松。

重复次数

- 向身体两侧交替练习 2 次。

! 注意事项

- 头部转动时动作要慢；
- 保持呼吸。

练习七

起始姿势

- 坐在椅子上；
- 双脚分开，略比髋宽；
- 双臂于体侧自然下垂。

动作要领

- 上身前屈；
- 前臂置于大腿上；
- 双手自然悬垂于大腿内侧；
- 低头，眼睛微闭；
- 全身放松；
- 感受自己的呼吸（注意呼吸节奏）；
- 排除杂念，开始冥想；
- 慢慢挺直身体；
- 舒展四肢，拉伸全身肌肉。

重复次数

- 1 次。

! 注意事项

- 不要忘记最后的拉伸。

16 第十六个练习日

练习一

练习二

练习三

练习四

练习五

练习六

练习七

练习效果

练习	效果
一	• 热身 • 强化腿部、手臂、腹部和背部肌肉 • 配合深呼吸
二	• 强化臀部、腹部、肩胛骨和背部肌肉 • 全方位拉伸胸部、肩部肌肉，以及颈前肌群和颈后肌群
三	• 通过等长收缩训练增强肌肉力量，感知肌肉收缩给身体带来的变化
四	• 强化臀部肌肉和腹斜肌
五	• 强化臀部、腹部、背部肌肉和肩胛带肌群 • 激活肩关节、胸锁关节和肩锁关节
六	• 强化臀部、腹部、背部肌肉，以及肩胛带肌群、颈前肌群和颈后肌群
七	• 通过“马车夫体态”使全身放松

练习一

起始姿势

- 坐在椅子上；
- 双臂于体侧自然下垂。

动作要领

- 双臂和双腿朝相反的方向活动；
- 左腿抬高，脚背勾起；
- 右臂向上拉伸；
- 右手掌心向上，朝向天花板；
- 右腿前伸，脚背勾起；
- 左臂向下拉伸；
- 左手掌心向下，朝向地面；
- 双臂和双腿交替练习；舒展四肢，拉伸全身肌肉。

重复次数

- 数次。

! 注意事项

- 保持呼吸。

练习二

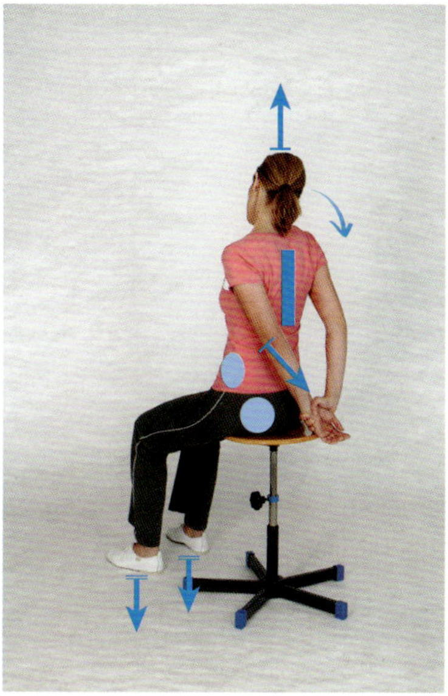

起始姿势

- 坐在椅子的前 1/3 处；
- 双脚分开，与髋同宽；
- 双臂于体侧自然下垂。

动作要领

拉伸练习

- 双脚撑地；
- 收紧臀肌，腹部回缩，挺直背部；
- 头部尽可能向上伸展；
- 下巴微微朝胸部方向内收；
- 右手从背后握住左手手腕；
- 头部向身体右侧倾斜；
- 右手轻轻将左臂拉向右下方；
- 保持这个姿势片刻；
- 全身放松。

重复次数

- 左右两侧交替练习 2 次。

! 注意事项

- 拉手臂时动作要慢；
- 保持呼吸。

练习三

起始姿势

- 坐在椅子的前 1/3 处；
- 双脚分开，与髋同宽；
- 双臂于体侧自然下垂。

动作要领

- 双脚撑地；
- 收紧臀肌，腹部回缩，挺直背部；
- 头部尽可能向上伸展；
- 下巴微微朝胸部方向内收；
- 右手握住左手手腕；
- 左手握住右手手腕；
- 双臂抬至齐胸高度；
- 双臂分别向身体两侧拉伸；
- 保持这个姿势片刻。

重复次数

- 3 次。

! 注意事项

- 握牢手腕；
- 保持呼吸。

练习四

起始姿势

- 坐在椅子的前 1/3 处；
- 双脚分开，与髋同宽；
- 双臂于体侧自然下垂。

动作要领

- 双脚撑地；
- 收紧臀肌，腹部回缩，挺直背部；
- 头部尽可能向上伸展；
- 下巴微微朝胸部方向内收；
- 双手抱头，十指交叉；
- 抬起右腿；
- 左肘尽量与右膝触碰（缓解腹肌和臀肌的压力）；
- 放下右腿，上身还原；
- 收紧腹肌和臀肌；
- 双臂交替练习。

重复次数

- 左右两侧交替练习 2 次。

! 注意事项

- 练习时动作要慢；
- 保持呼吸。

练习五

起始姿势

- 坐在椅子的前 1/3 处；
- 双脚分开，与髋同宽；
- 双臂于体侧自然下垂。

动作要领

- 双脚撑地；
- 收紧臀肌；
- 腹部回缩；
- 挺直背部；
- 头部尽可能向上伸展；
- 下巴微微朝胸部方向内收；
- 指尖搭在肩膀上；
- 双肩向前、向后画圈；
- 放下双臂；
- 全身放松。

重复次数

- 双臂分别向前、向后画圈数次。

! 注意事项

- 画圈时动作要慢；
- 保持呼吸。

练习六

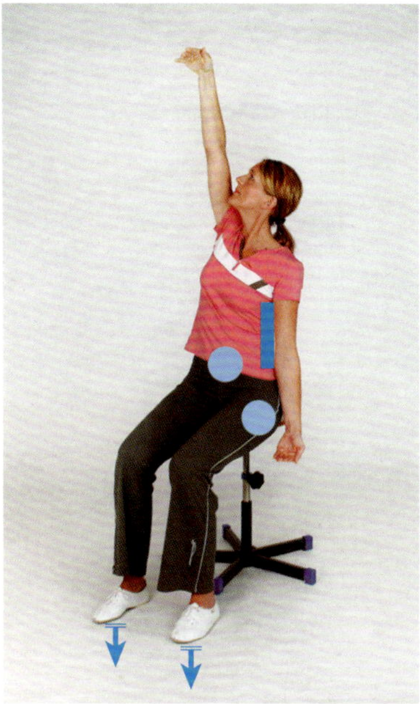

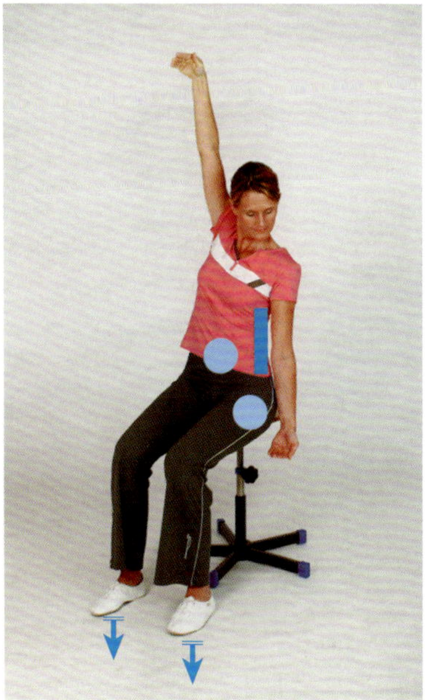

起始姿势

- 坐在椅子的前 1/3 处；
- 双脚分开，与髋同宽；
- 双臂于体侧自然下垂。

动作要领

- 双脚撑地；
- 收紧臀肌；
- 腹部回缩；
- 挺直背部；
- 头部尽可能向上伸展；
- 下巴微微朝胸部方向内收；
- 右臂向上拉伸，左臂向下拉伸；
- 抬头，目视上方的右手；
- 低头，目视下方的左手；
- 放下双臂；
- 全身放松。

重复次数

- 目光先望向上举的手，再望向下伸的手，重复数次。

! 注意事项

- 头部转动时动作要慢；
- 保持呼吸。

练习七

起始姿势

- 坐在椅子上；
- 双脚分开，略比髋宽；
- 双臂于体侧自然下垂。

动作要领

- 上身前屈；
- 前臂置于大腿上；
- 双手自然悬垂于大腿内侧；
- 低头，眼睛微闭；
- 全身放松；
- 感受自己的呼吸（注意呼吸节奏）；
- 排除杂念，开始冥想；
- 慢慢挺直身体；
- 舒展四肢，拉伸全身肌肉。

重复次数

- 1 次。

! 注意事项

- 不要忘记最后的拉伸。

17 第十七个练习日

练习一

练习二

练习三

练习四

练习五

练习六

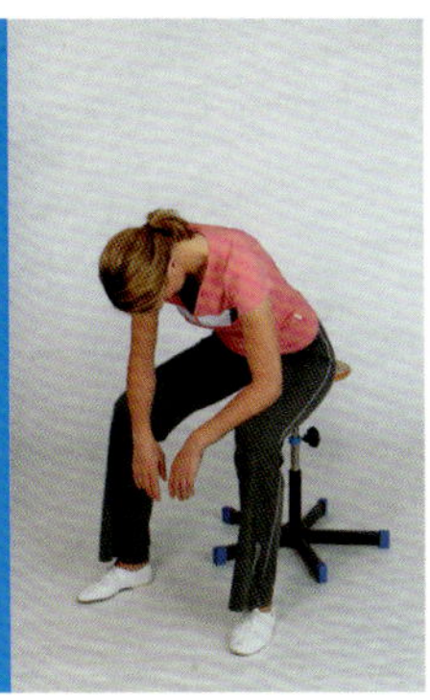

练习七

练习效果

练习	效果
一	• 热身 • 强化腿部、手臂、腹部和背部肌肉 • 配合深呼吸
二	• 强化臀部、腹部和背部肌肉 • 拉伸前臂背侧肌肉
三	• 通过等长收缩训练增强肌肉力量，感知肌肉收缩给身体带来的变化
四	• 强化臀部、腹部、背部肌肉，以及肩胛带肌群、颈前肌群和颈后肌群 • 增加腰椎灵活度
五	• 强化臀部、腹部、背部肌肉 • 上身倾斜时 – 强化腹部和背部肌肉 – 拉伸腹部、背部、肩部和手臂肌肉
六	• 强化臀部、腹部、背部、面部和颈部肌肉
七	• 通过“马车夫体态”使全身放松

关于练习六的建议

当你沿水平方向向前推下巴时，颈椎也得到了拉伸，这在一定程度上缓解了颈椎因过度前凸而受到的压力。参与这个动作的是下颌和颈部的肌肉。

练习一

起始姿势

- 坐在椅子上；
- 双臂于体侧自然下垂。

动作要领

- 双臂和双腿朝相反的方向活动；
- 左腿抬高，脚背勾起；
- 右臂向上拉伸；
- 右手掌心向上，朝向天花板；
- 右腿前伸，脚背勾起；
- 左臂向下拉伸；
- 左手掌心向下，朝向地面；
- 双臂和双腿交替练习；舒展四肢，拉伸全身肌肉。

重复次数

- 数次。

! 注意事项

- 保持呼吸。

练习二

起始姿势

- 坐在椅子的前 1/3 处；
- 双脚分开，与髋同宽；
- 双臂于体侧自然下垂。

动作要领

拉伸练习

- 双脚撑地；
- 收紧臀肌，腹部回缩，挺直背部；
- 头部尽可能向上伸展；
- 下巴微微朝胸部方向内收；
- 右肘弯曲，右臂置于头后；
- 左手握住右肘，轻轻向左拉伸右臂；
- 保持这个姿势片刻；
- 放下双臂，全身放松。

重复次数

- 左右两侧交替练习 2 次。

! 注意事项

- 保持背部挺直；
- 上身不要向侧边倾斜；
- 保持呼吸。

练习三

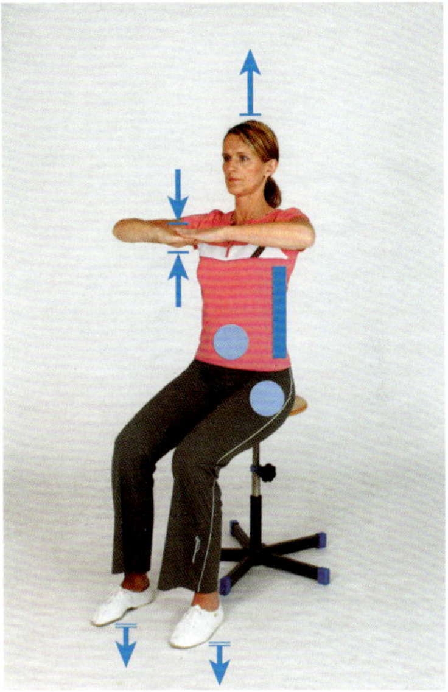

起始姿势

- 坐在椅子的前 1/3 处；
- 双脚分开，与髋同宽；
- 双臂于体侧自然下垂。

动作要领

- 双脚撑地；
- 收紧臀肌，腹部回缩，挺直背部；
- 头部尽可能向上伸展；
- 下巴微微朝胸部方向内收；
- 双臂抬至齐胸高度；
- 双手交叠平放；
- 双手对压；
- 保持这个姿势片刻；
- 全身放松；
- 双手交替练习。

重复次数

- 数次。

! 注意事项

- 保持呼吸。

练习四

起始姿势

- 坐在椅子的前 1/3 处；
- 双脚分开，与髋同宽；
- 双臂于体侧自然下垂。

动作要领

- 双脚撑地；
- 收紧臀肌，腹部回缩，挺直背部；
- 头部尽可能向上伸展；
- 下巴微微朝胸部方向内收；
- 双手抱头；
- 上身轻轻向右转；
- 头部跟着上身一起向右转，目光始终注视着运动的方向；
- 保持这个姿势片刻；
- 上身和头部还原；
- 放下双臂，全身放松。

重复次数

- 向身体两侧交替练习 2 次。

! 注意事项

- 保持背部挺直；
- 保持呼吸。

练习五

起始姿势

- 坐在椅子的前 1/3 处；
- 双脚分开，与髋同宽；
- 双臂于体侧自然下垂。

动作要领

- 双脚撑地；
- 收紧臀肌，腹部回缩，挺直背部；
- 头部尽可能向上伸展；
- 下巴微微朝胸部方向内收；
- 双手抱头；
- 上身缓缓向右倾斜；
- 保持这个姿势片刻；
- 上身还原；
- 放下双臂，全身放松。

重复次数

- 向身体两侧交替练习 2 次。

! 注意事项

- 上身不要倾斜过度；
- 保持呼吸。

练习六

起始姿势

- 坐在椅子的前 1/3 处；
- 双脚分开，与髋同宽；
- 右手置于胸骨上；
- 左手自然平放于大腿上。

动作要领

- 双脚撑地；
- 收紧臀肌，腹部回缩；
- 挺直背部；
- 头部尽可能向上伸展；
- 下颌沿水平方向前伸；
- 保持这个姿势片刻；
- 下颌沿水平方向回缩；
- 保持这个姿势片刻；
- 全身放松。

重复次数

- 数次。

! 注意事项

- 上身不要前倾；
- 保持呼吸。

练习七

起始姿势

- 坐在椅子上；
- 双脚分开，略比髋宽；
- 双臂于体侧自然下垂。

动作要领

- 上身前屈；
- 前臂置于大腿上；
- 双手自然悬垂于大腿内侧；
- 低头，眼睛微闭；
- 全身放松；
- 感受自己的呼吸（注意呼吸节奏）；
- 排除杂念，开始冥想；
- 慢慢挺直身体；
- 舒展四肢，拉伸全身肌肉。

重复次数

- 1 次。

! 注意事项

- 不要忘记最后的拉伸。

18 第十八个练习日

练习一

练习二

练习三

练习四

练习五

练习六

练习七

练习效果

练习	效果
一	• 热身 • 强化腿部、手臂、腹部和背部肌肉 • 配合深呼吸
二	• 强化臀部、腹部和背部肌肉 • 拉伸肩胛带肌群、肩部和手臂肌肉
三	• 通过等长收缩训练增强肌肉力量，感知肌肉收缩给身体带来的变化
四	• 强化臀部、腹部、背部肌肉和肩胛带肌群 • 拉伸肩部、手臂肌肉，以及颈前肌群和颈后肌群
五	• 强化臀部、腹部和背部肌肉 • 上身倾斜时 - 强化腹部和背部肌肉 - 拉伸腹部、背部、肩部和手臂肌肉
六	• 强化臀部、腹部和背部肌肉 • 通过等长收缩训练强化肩部肌肉、颈前肌群和颈后肌群
七	• 通过“马车夫体态”使全身放松

练习一

起始姿势

- 坐在椅子上；
- 双臂于体侧自然下垂。

动作要领

- 双臂和双腿朝相反的方向活动；
- 左腿抬高，脚背勾起；
- 右臂向上拉伸；
- 右手掌心向上，朝向天花板；
- 右腿前伸，脚背勾起；
- 左臂向下拉伸；
- 左手掌心向下，朝向地面；
- 双臂和双腿交替练习；舒展四肢，拉伸全身肌肉。

重复次数

- 数次。

! 注意事项

- 保持呼吸。

练习二

起始姿势

- 坐在椅子的前 1/3 处；
- 双脚分开，与髋同宽；
- 双臂于体侧自然下垂。

动作要领

拉伸练习

- 双脚撑地；
- 收紧臀肌，腹部回缩，挺直背部；
- 头部尽可能向上伸展；
- 下巴微微朝胸部方向内收；
- 右手置于左肩处；
- 左手握住右肘；
- 左手将右肘轻轻向左肩方向推；
- 保持这个姿势片刻；
- 放下双臂，全身放松。

重复次数

- 左右两侧交替练习 2 次。

! 注意事项

- 拉伸动作要慢；
- 保持呼吸。

练习三

起始姿势

- 坐在椅子的前 1/3 处；
- 双脚分开，与髋同宽；
- 双臂于体侧自然下垂。

动作要领

- 双脚撑地；
- 收紧臀肌，腹部回缩，挺直背部；
- 头部尽可能向上伸展；
- 下巴微微朝胸部方向内收；
- 双臂抬至齐肩高度；
- 双手指尖相触，呈塔状；
- 手指对压；
- 保持这个姿势片刻；
- 放下双臂，全身放松。

重复次数

- 数次。

! 注意事项

- 保持背部挺直；
- 不要耸肩；
- 保持呼吸。

练习四

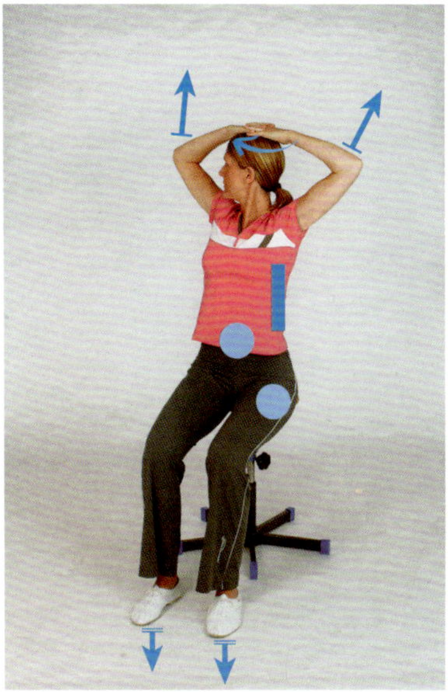

起始姿势

- 坐在椅子的前 1/3 处；
- 双脚分开，与髋同宽；
- 双臂于体侧自然下垂。

动作要领

- 双脚撑地；
- 收紧臀肌，腹部回缩，挺直背部；
- 头部尽可能向上伸展；
- 下巴微微朝胸部方向内收；
- 双手抱头；
- 双肘向后拉伸；
- 头部转向右侧；
- 目视右肘；
- 保持这个姿势片刻；
- 头部转回正中位置；
- 放下双臂，全身放松。

重复次数

- 向身体两侧交替练习 2 次。

! 注意事项

- 保持呼吸。

练习五

起始姿势

- 坐在椅子的前 1/3 处；
- 双脚分开，与髋同宽；
- 双臂于体侧自然下垂。

动作要领

- 双脚撑地；
- 收紧臀肌，腹部回缩，挺直背部；
- 头部尽可能向上伸展；
- 下巴微微朝胸部方向内收；
- 双臂举过头顶；
- 双手交叉；
- 上身缓缓向右倾斜；
- 保持这个姿势片刻；
- 上身还原；
- 放下双臂，全身放松。

重复次数

- 向身体两侧交替练习 2 次。

! 注意事项

- 上身不要倾斜过度；
- 保持呼吸。

练习六

起始姿势

- 坐在椅子的前 1/3 处；
- 双脚分开，与髋同宽；
- 双手自然平放于大腿上。

动作要领

- 双脚撑地；
- 收紧臀肌；
- 腹部回缩；
- 挺直背部；
- 头部尽可能向上伸展；
- 右手放在下颌处；
- 下颌向掌心下压；
- 保持这个姿势片刻；
- 放下手臂；
- 全身放松。

重复次数

- 数次。

! 注意事项

- 头部不要前倾；
- 保持呼吸。

练习七

起始姿势

- 坐在椅子上；
- 双脚分开，略比髋宽；
- 双臂于体侧自然下垂。

动作要领

- 上身前屈；
- 前臂置于大腿上；
- 双手自然悬垂于大腿内侧；
- 低头，眼睛微闭；
- 全身放松；
- 感受自己的呼吸（注意呼吸节奏）；
- 排除杂念，开始冥想；
- 慢慢挺直身体；
- 舒展四肢，拉伸全身肌肉。

重复次数

- 1 次。

! 注意事项

- 不要忘记最后的拉伸。

19 第十九个练习日

练习一

练习二

练习三

练习四

练习五

练习六

练习七

练习效果

练习	效果
一	• 热身 • 强化腿部、手臂、腹部和背部肌肉 • 配合深呼吸
二	• 强化臀部、腹部和背部肌肉 • 拉伸手臂、肩部和背部肌肉
三	• 通过等长收缩训练增强肌肉力量，感知肌肉收缩给身体带来的变化
四	• 强化臀部、腹部、背部、肩部、手臂肌肉和颈后肌群
五	• 强化臀部、腹部、背部、肩部肌肉，以及颈前肌群和颈后肌群
六	• 强化臀部、腹部、背部肌肉和颈后肌群
七	• 通过“马车夫体态”使全身放松

关于头部平衡

目视前方时，头部是处于平衡状态的。因为头部的重心偏向面部，颈肌必须持续紧张，才能使头部保持直立的姿势。低头时，为了保持头部的平衡，颈后肌群会反复拉伸，这样就很容易导致肌肉拉伤，肩颈区会出现疼痛、僵硬的症状。

关于坐着入睡

如果坐着入睡，颈后肌群会自然放松，头部前倾。低头时，颈后肌群的肌梭被拉伸，头部反射性挺直，整个人就会马上醒过来。对疲劳驾驶的司机来说，这种反射恰好能让他清醒过来。

练习一

起始姿势

- 坐在椅子上；
- 双臂于体侧自然下垂。

动作要领

- 双臂和双腿朝相反的方向活动；
- 左腿抬高，脚背勾起；
- 右臂向上拉伸；
- 右手掌心向上，朝向天花板；
- 右腿前伸，脚背勾起；
- 左臂向下拉伸；
- 左手掌心向下，朝向地面；
- 双臂和双腿交替练习；舒展四肢，拉伸全身肌肉。

重复次数

- 数次。

! 注意事项

- 保持呼吸。

练习二

起始姿势

- 坐在椅子的前 1/3 处；
- 双脚分开，与髋同宽；
- 双臂于体侧自然下垂。

动作要领

拉伸练习

- 双脚撑地；
- 收紧臀肌，腹部回缩，挺直背部；
- 头部尽可能向上伸展；
- 下巴微微朝胸部方向内收；
- 右臂抬至胸前；
- 左手握住右肘；
- 将右肘轻轻拉向身体左侧；
- 保持这个姿势片刻；
- 放下双臂，全身放松。

重复次数

- 左右两侧交替练习 3 次。

! 注意事项

- 练习时，上身保持不动；
- 保持呼吸。

练习三

起始姿势

- 坐在椅子的前 1/3 处；
- 双脚分开，与髋同宽；
- 双臂于体侧自然下垂。

动作要领

- 双脚撑地；
- 收紧臀肌，腹部回缩，挺直背部；
- 头部尽可能向上伸展；
- 下巴微微朝胸部方向内收；
- 双臂抬至齐胸高度；
- 十指紧扣；
- 双臂分别向身体两侧拉伸；
- 保持这个姿势片刻；
- 放下双臂，全身放松。

重复次数

- 3 次。

! 注意事项

- 不要耸肩；
- 保持背部挺直；
- 保持呼吸。

练习四

起始姿势

- 坐在椅子的前 1/3 处；
- 双脚分开，与髋同宽；
- 双臂于体侧自然下垂。

动作要领

- 双脚撑地；
- 收紧臀肌；
- 腹部回缩；
- 挺直背部；
- 头部尽可能向上伸展；
- 下巴微微朝胸部方向内收；
- 双手于背后交叠；
- 双手紧贴背部，慢慢向上推；
- 保持这个姿势片刻；
- 放下双臂；
- 全身放松。

重复次数

- 数次。

! 注意事项

- 保持背部挺直；
- 保持呼吸。

练习五

起始姿势

- 坐在椅子的前 1/3 处；
- 双脚分开，与髋同宽；
- 双臂于体侧自然下垂。

动作要领

- 双脚撑地；
- 收紧臀肌；
- 腹部回缩；
- 挺直背部；
- 头部尽可能向上伸展；
- 下巴微微朝胸部方向内收；
- 双手于背后交叠；
- 双臂向身体右侧拉伸；
- 目视掌心；
- 保持这个姿势片刻；
- 双臂向身体左侧拉伸；
- 目视掌心；
- 保持这个姿势片刻；
- 放下双臂；
- 全身放松。

重复次数

- 向身体两侧交替练习数次。

! 注意事项

- 目视掌心时只需低头；
- 上身不要前倾；
- 保持呼吸。

练习六

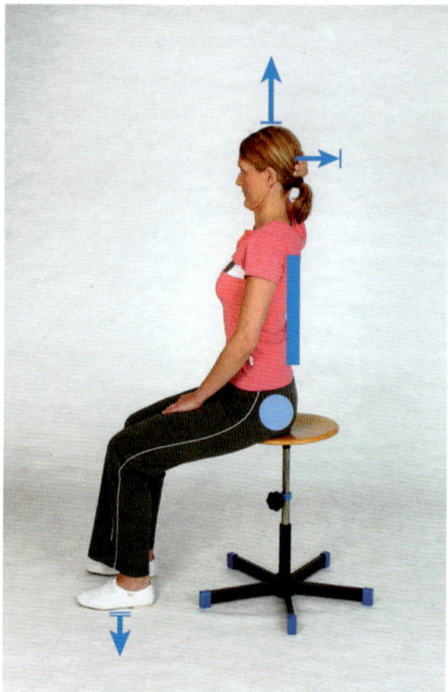

起始姿势

- 坐在椅子的前 1/3 处；
- 双脚分开，与髋同宽；
- 双手自然平放于大腿上。

动作要领

- 双脚撑地；
- 收紧臀肌，腹部回缩，挺直背部；
- 头部尽可能向上伸展；
- 下巴微微朝胸部方向内收；
- 右手置于枕部；
- 头部轻轻向掌心施力；
- 颈部挺直；
- 保持这个姿势片刻；
- 放下双臂，全身放松。

重复次数

- 数次。

! 注意事项

- 不要用力按压颈部；
- 保持呼吸。

练习七

起始姿势

- 坐在椅子上；
- 双脚分开，略比髋宽；
- 双臂于体侧自然下垂。

动作要领

- 上身前屈；
- 前臂置于大腿上；
- 双手自然悬垂于大腿内侧；
- 低头，眼睛微闭；
- 全身放松；
- 感受自己的呼吸（注意呼吸节奏）；
- 排除杂念，开始冥想；
- 慢慢挺直身体；
- 舒展四肢，拉伸全身肌肉。

重复次数

- 1 次。

! 注意事项

- 不要忘记最后的拉伸。

20 第二十个练习日

练习一

练习二

练习三

练习四

练习五

练习六

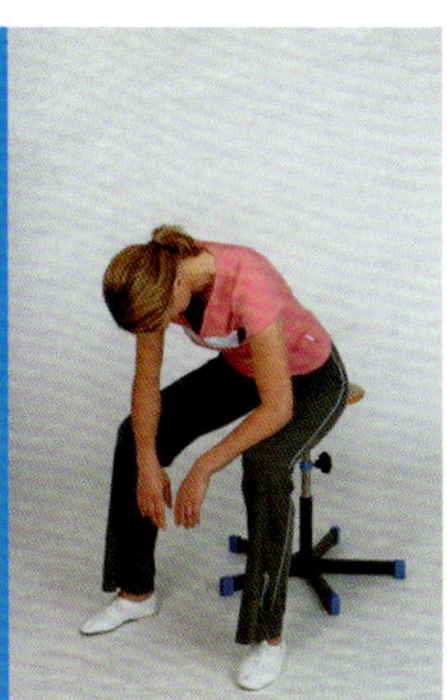
练习七

练习效果

练习	效果
一	• 热身 • 强化腿部、手臂、腹部和背部肌肉 • 配合深呼吸
二	• 强化臀部和腹部肌肉 • 拉伸掌指关节和腕关节，以及手臂、肩部、背部肌肉和肩胛带肌群
三	• 强化臀部、腹部和背部肌肉 • 拉伸肩胛带肌群和肩部肌肉
四	• 强化臀部、腹部、肩胛骨和背部肌肉 • 拉伸颈后肌群
五	• 强化臀部、腹部、背部肌肉，以及肩胛带肌群和颈后肌群 • 激活胸锁关节和肩锁关节
六	• 强化臀部、腹部和背部肌肉 • 拉伸手臂、胸部、肩部肌肉和颈后肌群
七	• 通过“马车夫体态”使全身放松

练习一

起始姿势

- 坐在椅子上；
- 双臂于体侧自然下垂。

动作要领

- 双臂和双腿朝相反的方向活动；
- 左腿抬高，脚背勾起；
- 右臂向上拉伸；
- 右手掌心向上，朝向天花板；
- 右腿前伸，脚背勾起；
- 左臂向下拉伸；
- 左手掌心向下，朝向地面；
- 双臂和双腿交替练习；舒展四肢，拉伸全身肌肉。

重复次数

- 数次。

! 注意事项

- 保持呼吸。

练习二

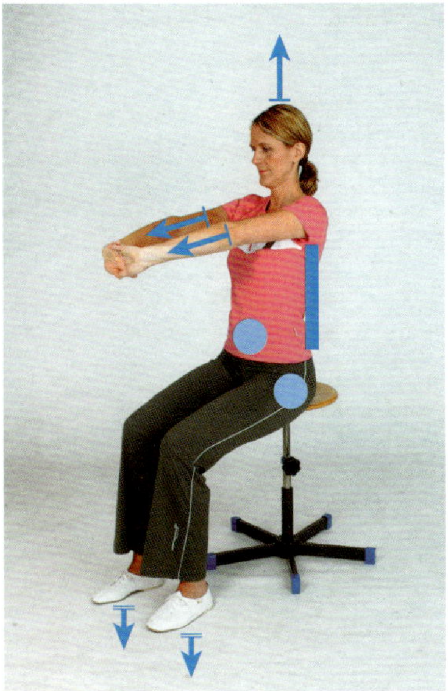

起始姿势

- 坐在椅子的前 1/3 处；
- 双脚分开，与髋同宽；
- 双臂于体侧自然下垂。

动作要领

拉伸练习

- 双脚撑地；
- 收紧臀肌；
- 腹部回缩；
- 挺直背部；
- 头部尽可能向上伸展；
- 下巴微微朝胸部方向内收；
- 双手十指交叉，抬至齐肩高度；
- 掌心向外翻转；
- 双臂缓缓前伸；
- 保持这个姿势片刻；
- 放下双臂；
- 全身放松。

重复次数

- 3 次。

! 注意事项

- 不要耸肩；
- 保持呼吸。

练习三

起始姿势

- 坐在椅子的前 1/3 处；
- 双脚分开，与髋同宽；
- 双臂于体侧自然下垂。

动作要领

- 双脚撑地；
- 收紧臀肌；
- 腹部回缩；
- 挺直背部；
- 头部尽可能向上伸展；
- 下巴微微朝胸部方向内收；
- 双手十指交叉，抬至齐胸高度；
- 双肘向下靠拢；
- 保持这个姿势片刻；
- 双臂再次抬至齐胸高度；
- 重复练习；
- 放下双臂；
- 全身放松。

重复次数

- 3 次。

! 注意事项

- 不要耸肩；
- 保持呼吸。

练习四

起始姿势

- 坐在椅子的前 1/3 处；
- 双脚分开，与髋同宽，
- 双臂于体侧自然下垂。

动作要领

- 双脚撑地；
- 收紧臀肌，腹部回缩，挺直背部；
- 头部尽可能向上伸展；
- 下巴微微朝胸部方向内收；
- 右肩上抬；
- 头部向身体右侧倾斜；
- 右耳靠向右肩；
- 保持这个姿势片刻；
- 头部回到正中位置；
- 放下右肩，全身放松。

重复次数

- 左右两侧交替练习 4 次。

! 注意事项

- 目视前方；
- 保持呼吸。

练习五

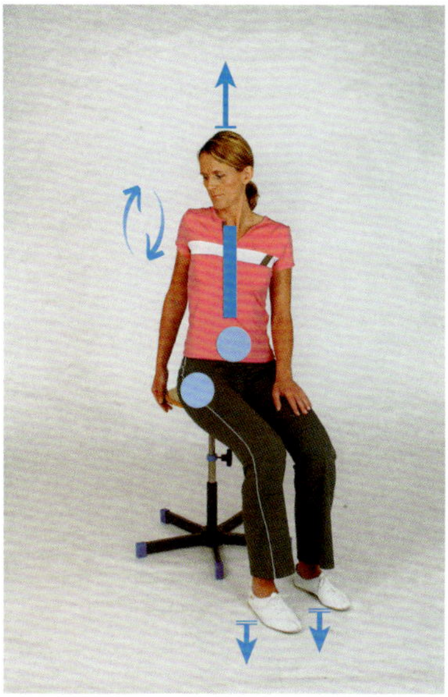

起始姿势

- 坐在椅子的前 1/3 处；
- 双脚分开，与髋同宽；
- 双臂于体侧自然下垂。

动作要领

- 双脚撑地；
- 收紧臀肌；
- 腹部回缩；
- 挺直背部；
- 头尽可能向上拉伸；
- 下巴微微朝胸部方向内收；
- 右肩向后画圈；
- 右肩向前画圈；
- 全身放松。

重复次数

- 双肩交替练习：先向后画圈 5 次，再向前画圈 5 次。

! 注意事项

- 肩部画圈时动作要慢；
- 保持呼吸。

练习六

起始姿势

- 坐在椅子的前 1/3 处；
- 双脚分开，与髋同宽；
- 双臂于体侧自然下垂。

动作要领

- 双脚撑地；
- 收紧臀肌，腹部回缩，挺直背部；
- 头部尽可能向上伸展；
- 下巴微微朝胸部方向内收；
- 双手于背后交叠；
- 双臂向后下方拉伸；
- 低头；
- 保持这个姿势片刻；
- 抬头；
- 松开双手，放下双臂，全身放松。

重复次数

- 3 次。

! 注意事项

- 只需低头，身体不要前倾；
- 保持背部挺直；
- 保持呼吸。

练习七

起始姿势

- 坐在椅子上；
- 双脚分开，略比髋宽；
- 双臂于体侧自然下垂。

动作要领

- 上身前屈；
- 前臂置于大腿上；
- 双手自然悬垂于大腿内侧；
- 低头，眼睛微闭；
- 全身放松；
- 感受自己的呼吸（注意呼吸节奏）；
- 排除杂念，开始冥想；
- 慢慢挺直身体；
- 舒展四肢，拉伸全身肌肉。

重复次数

- 1 次。

! 注意事项

- 不要忘记最后的拉伸。

21 第二十一个练习日

练习一

练习二

练习三

练习四

练习五

练习六

练习七

练习效果

练习	效果
一	• 热身 • 强化腿部、手臂、腹部和背部肌肉 • 配合深呼吸
二	• 强化臀部、腹部和背部肌肉 • 拉伸胸部、肩部、手臂肌肉和颈后肌群
三	• 通过等长收缩训练增强肌肉力量，感知肌肉收缩给身体带来的变化
四	• 强化臀部、腹部、背部和肩胛骨肌肉 • 拉伸手臂肌肉、肩胛带肌群和颈后肌群
五	• 强化臀部、腹部、背部肌肉，以及肩胛带肌群和颈后肌群 • 激活胸锁关节和肩锁关节
六	• 强化臀部、腹部、背部、手臂和肩胛骨肌肉 • 拉伸胸部肌肉和颈后肌群
七	• 通过“马车夫体态”使全身放松

练习一

起始姿势

- 坐在椅子上；
- 双臂于体侧自然下垂。

动作要领

- 双臂和双腿朝相反的方向活动；
- 左腿抬高，脚背勾起；
- 右臂向上拉伸；
- 右手掌心向上，朝向天花板；
- 右腿前伸，脚背勾起；
- 左臂向下拉伸；
- 左手掌心向下，朝向地面；
- 双臂和双腿交替练习；舒展四肢，拉伸全身肌肉。

重复次数

- 数次。

! 注意事项

- 保持呼吸。

练习二

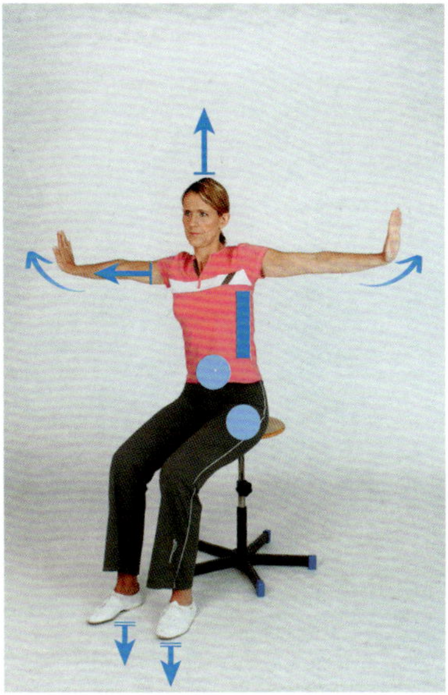

起始姿势

- 坐在椅子的前 1/3 处；
- 双脚分开，与髋同宽，
- 双臂于体侧自然下垂。

动作要领

拉伸练习

- 双脚撑地；
- 收紧臀肌，腹部回缩，挺直背部；
- 头部尽可能向上伸展；
- 下巴微微朝胸部方向内收；
- 双臂向身体两侧打开，抬至齐肩高度；
- 伸腕，掌心向外；
- 右臂向身体外侧拉伸；
- 保持这个姿势片刻；
- 放下双臂，全身放松。

重复次数

- 左右两侧交替练习 2 次。

! 注意事项

- 不要耸肩；
- 保持呼吸。

练习三

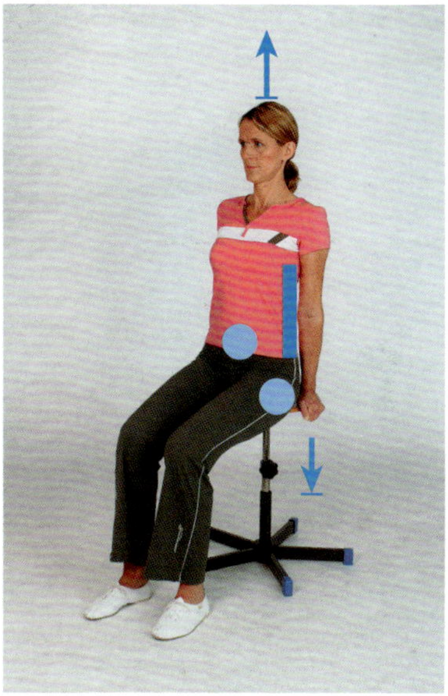

起始姿势

- 坐在椅子的前 1/3 处；
- 双脚分开，与髋同宽；
- 双臂于体侧自然下垂。

动作要领

- 坐直；
- 收紧臀肌；
- 腹部回缩；
- 肩部微微向后伸展；
- 头部尽可能向上伸展；
- 下巴微微朝胸部方向内收；
- 双手抓住座椅的侧缘；
- 双手用力下压；
- 保持这个姿势片刻；
- 全身放松。

重复次数

- 3 次。

! 注意事项

- 保持呼吸。

练习四

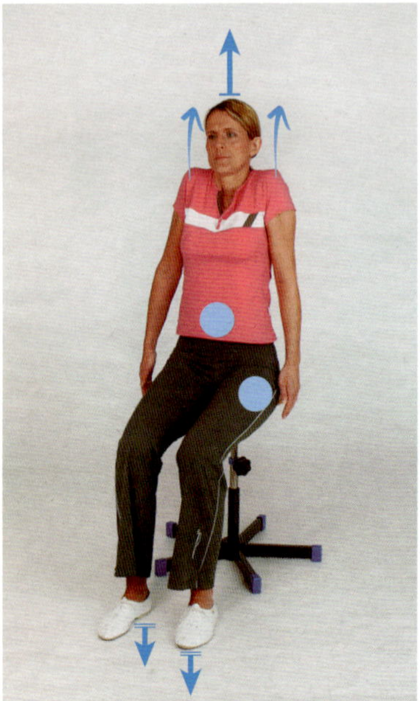

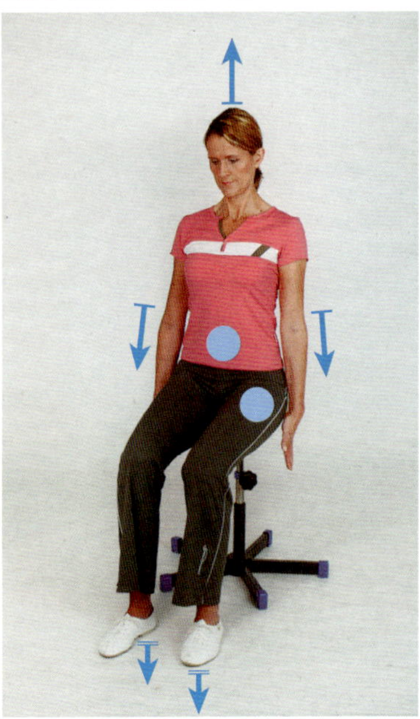

起始姿势

- 坐在椅子的前 1/3 处；
- 双脚分开，与髋同宽；
- 双臂于体侧自然下垂。

动作要领

- 双脚撑地；
- 收紧臀肌；
- 腹部回缩；
- 挺直背部；
- 头部尽可能向上伸展；
- 下巴微微朝胸部方向内收；
- 双肩上抬，保持这个姿势，从 1 数到 5；
- 双肩放平；
- 双臂向下拉伸，从 1 数到 3；
- 全身放松。

重复次数

- 3 次。

! 注意事项

- 保持呼吸。

练习五

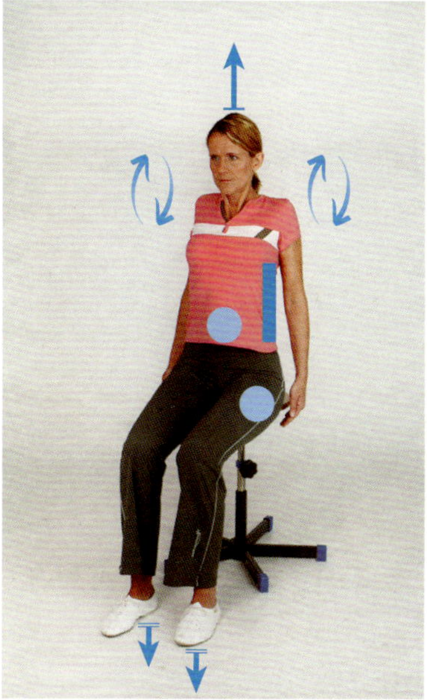

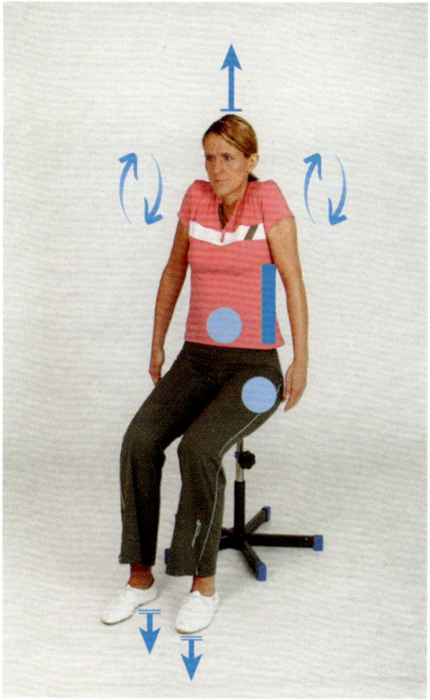

起始姿势

- 坐在椅子的前 1/3 处；
- 双脚分开，与髋同宽；
- 双臂于体侧自然下垂。

动作要领

- 双脚撑地；
- 收紧臀肌；
- 腹部回缩；
- 挺直背部；
- 头部尽可能向上伸展；
- 下巴微微朝胸部方向内收；
- 双肩向后画圈；
- 双肩向前画圈；
- 全身放松。

重复次数

- 双肩交替练习：先向后画圈 5 次，再向前画圈 5 次。

! 注意事项

- 双肩画圈时动作要慢；
- 画圈的幅度要大；
- 保持呼吸。

练习六

起始姿势

- 坐在椅子的前 1/3 处；
- 双脚分开，与髋同宽；
- 双臂于体侧自然下垂。

动作要领

- 双脚撑地；
- 收紧臀肌；
- 腹部回缩；
- 挺直背部；
- 头部尽可能向上伸展；
- 下巴微微朝胸部方向内收；
- 双臂外旋；
- 拇指向下；
- 肩胛骨向脊柱方向靠拢；
- 低头；
- 保持这个姿势片刻；
- 抬头；
- 双臂还原；
- 全身放松。

重复次数

- 3 次。

! 注意事项

- 只需低头，身体不要前倾；
- 保持背部挺直；
- 保持呼吸。

练习七

起始姿势

- 坐在椅子上；
- 双脚分开，略比髋宽；
- 双臂于体侧自然下垂。

动作要领

- 上身前屈；
- 前臂置于大腿上；
- 双手自然悬垂于大腿内侧；
- 低头，眼睛微闭；
- 全身放松；
- 感受自己的呼吸（注意呼吸节奏）；
- 排除杂念，开始冥想；
- 慢慢挺直身体；
- 舒展四肢，拉伸全身肌肉。

重复次数

- 1 次。

! 注意事项

- 不要忘记最后的拉伸。

22 第二十二个练习日

练习一

练习二

练习三

练习四

练习五

练习六

练习七

练习效果

练习	效果
一	• 热身 • 强化腿部、手臂、腹部和背部肌肉 • 配合深呼吸
二	• 强化臀部、腹部和背部肌肉 • 手臂向上伸展时，拉伸同侧手臂、胸部和全身
三	• 强化手臂、背部肌肉，以及颈后肌群和肩胛带肌群
四	• 强化臀部、腹部、背部肌肉和颈后肌群 • 激活肩关节、胸锁关节和肩锁关节
五	• 强化臀部、腹部和背部肌肉 • 激活腕关节和肩关节
六	• 强化臀部、腹部、背部、**肩胛骨肌肉和颈后肌群** • 拉伸手臂和胸部肌肉
七	• 通过“马车夫体态”使全身放松

练习一

起始姿势

- 坐在椅子上；
- 双臂于体侧自然下垂。

动作要领

- 双臂和双腿朝相反的方向活动；
- 左腿抬高，脚背勾起；
- 右臂向上拉伸；
- 右手掌心向上，朝向天花板；
- 右腿前伸，脚背勾起；
- 左臂向下拉伸；
- 左手掌心向下，朝向地面；
- 双臂和双腿交替练习；舒展四肢，拉伸全身肌肉。

重复次数

- 数次。

! 注意事项

- 保持呼吸。

练习二

起始姿势

- 坐在椅子的前 1/3 处；
- 双脚分开，与髋同宽；
- 双臂于体侧自然下垂。

动作要领

拉伸练习

- 双脚撑地；
- 收紧臀肌，腹部回缩，挺直背部；
- 头部尽可能向上伸展；
- 下巴微微朝胸部方向内收；
- 伸腕，双手掌心向下；
- 右臂上举；
- 右臂向上拉伸；
- 左臂向下拉伸；
- 保持这个姿势片刻；
- 双臂放回原位，全身放松。

重复次数

- 左右两侧交替练习 2 次。

! 注意事项

- 保持呼吸。

练习三

起始姿势

- 坐在椅子的前 1/3 处；
- 双腿微微向前伸展；
- 双脚并拢；
- 双臂于体侧自然下垂。

动作要领

- 挺直背部；
- 头部尽可能向上伸展；
- 屈髋关节，用力使身体前屈；
- 双手平放在胫骨上；
- 轻轻按压胫骨；
- 保持这个姿势片刻；
- 抬起上身；
- 全身放松。

重复次数

- 3 次。

! 注意事项

- 保持背部挺直；
- 保持呼吸。

练习四

起始姿势

- 坐在椅子的前 1/3 处；
- 双脚分开，与髋同宽；
- 双臂于体侧自然下垂。

动作要领

- 双脚撑地；
- 收紧臀肌；
- 腹部回缩；
- 挺直背部；
- 头尽可能向上拉伸；
- 下巴微微朝胸部方向内收；
- 指尖搭在肩膀上；
- 双肩反方向画圈；
- 向前、向后画圈练习；
- 放下双臂；
- 全身放松。

重复次数

- 双肩画圈练习数次。

! 注意事项

- 目视前方；
- 保持呼吸。

练习五

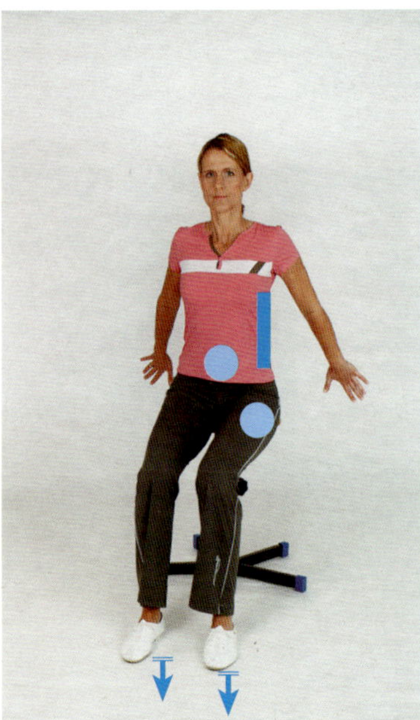

起始姿势

- 坐在椅子的前 1/3 处；
- 双脚分开，与髋同宽；
- 双臂于体侧自然下垂。

动作要领

- 双脚撑地；
- 收紧臀肌；
- 腹部回缩；
- 挺直背部；
- 头部尽可能向上伸展；
- 下巴微微朝胸部方向内收；
- 双手握拳，搭在肩膀上；
- 双臂向上拉伸；
- 双手十指分开；
- 双手握拳，搭在肩膀上；
- 双臂向后下方拉伸；
- 双手十指分开；
- 双臂放回体侧，全身放松。

重复次数

- 5 次。

! 注意事项

- 缓缓拉伸双臂，不要用力甩动肩膀；
- 保持呼吸。

练习六

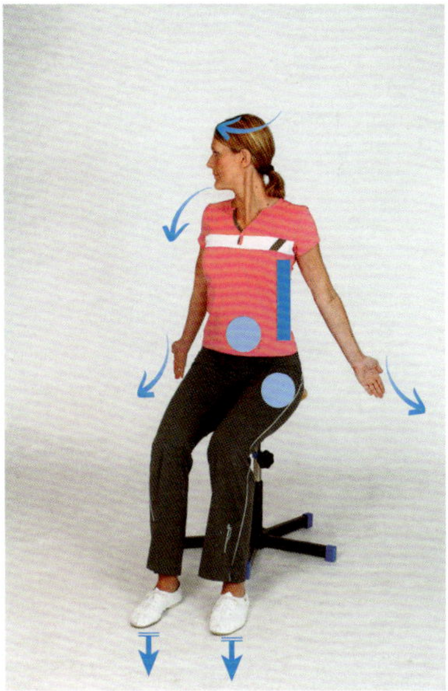

起始姿势

- 坐在椅子的前 1/3 处；
- 双脚分开，与髋同宽；
- 双臂于体侧自然下垂。

动作要领

- 双脚撑地；
- 收紧臀肌；
- 腹部回缩；
- 挺直背部；
- 头部尽可能向上伸展；
- 下巴微微朝胸部方向内收；
- 双臂外旋；
- 拇指向下；
- 肩胛骨向脊柱方向靠拢；
- 头部稍向右转；
- 向右胸方向低头；
- 保持这个姿势片刻；
- 抬头，恢复起始姿势；
- 全身放松。

重复次数

- 向身体两侧交替练习 2 次。

! 注意事项

- 只需低头，身体不要前倾；
- 保持背部挺直；
- 保持呼吸。

练习七

起始姿势

- 坐在椅子上；
- 双脚分开，略比髋宽；
- 双臂于体侧自然下垂。

动作要领

- 上身前屈；
- 前臂置于大腿上；
- 双手自然悬垂于大腿内侧；
- 低头，眼睛微闭；
- 全身放松；
- 感受自己的呼吸（注意呼吸节奏）；
- 排除杂念，开始冥想；
- 慢慢挺直身体；
- 舒展四肢，拉伸全身肌肉。

重复次数

- 1 次。

! 注意事项

- 不要忘记最后的拉伸。

23 第二十三个练习日

练习一

练习二

练习三

练习四

练习五

练习六

练习七

练习效果

练习	效果
一	• 热身 • 强化腿部、手臂、腹部和背部肌肉 • 配合深呼吸
二	• 强化腹部和肩胛骨肌肉 • 拉伸胸部和肩部肌肉
三	• 强化臀部、腹部、背部肌肉和肩胛带肌群
四	• 激活肩关节、颈椎和胸椎
五	• 强化臀部、腹部和背部肌肉 • 激活肩关节
六	• 强化臀部、腹部、背部、肩胛骨肌肉，以及颈前肌群和颈后肌群
七	• 通过“马车夫体态”使全身放松

练习一

起始姿势

- 坐在椅子上；
- 双臂于体侧自然下垂。

动作要领

- 双臂和双腿朝相反的方向活动；
- 左腿抬高，脚背勾起；
- 右臂向上拉伸；
- 右手掌心向上，朝向天花板；
- 右腿前伸，脚背勾起；
- 左臂向下拉伸；
- 左手掌心向下，朝向地面；
- 双臂和双腿交替练习；舒展四肢，拉伸全身肌肉。

重复次数

- 数次。

! 注意事项

- 保持呼吸。

练习二

起始姿势

- 坐在椅子的前 1/3 处；
- 双脚分开，与髋同宽；
- 双臂于体侧自然下垂。

动作要领

拉伸练习
- 双手抓住座椅的后侧缘或靠背；
- 腹部回缩；
- 头部尽可能向上伸展；
- 下巴微微朝胸部方向内收；
- 身体略微前倾，保持背部挺直；
- 保持这个姿势片刻；
- 上身还原；
- 松开双手；
- 全身放松。

重复次数

- 3 次。

! 注意事项

- 上身向前时只屈髋关节；
- 保持背部挺直；
- 保持呼吸。

练习三

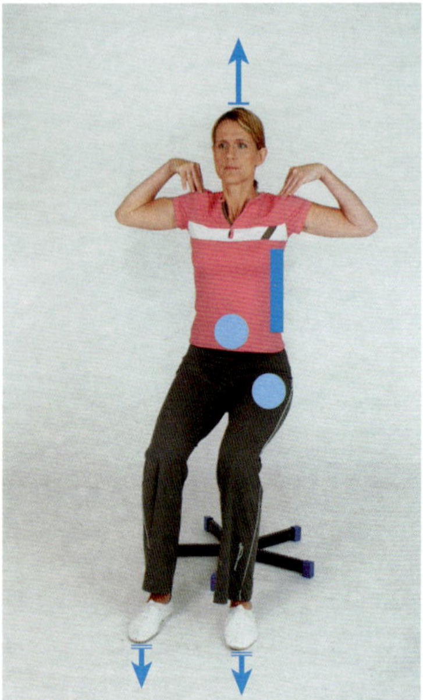

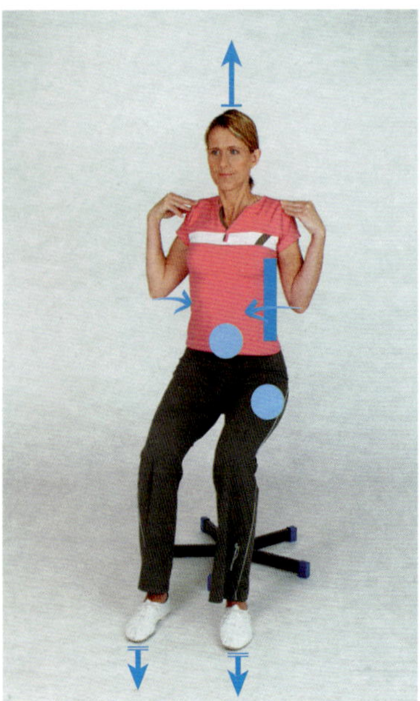

起始姿势

- 坐在椅子的前 1/3 处；
- 双脚分开，与髋同宽；
- 双臂于体侧自然下垂。

动作要领

- 双脚撑地；
- 收紧臀肌；
- 腹部回缩；
- 挺直背部；
- 头部尽可能向上伸展；
- 下巴微微朝胸部方向内收；
- 指尖搭在肩膀上；
- 用力使肘部向体侧靠拢；
- 双臂朝身体两侧按压；
- 保持这个姿势片刻；
- 放下双臂；
- 全身放松。

重复次数

- 5 次。

! 注意事项

- 不要耸肩；
- 保持呼吸。

练习四

起始姿势

- 坐在椅子的前 1/3 处；
- 双脚分开，与髋同宽；
- 双臂于体侧自然下垂。

动作要领

- 双臂向上举，保持背部挺直；
- 双臂向后摆动，背部前屈；
- 双手上举时目视双手；
- 双手后摆时目视腹部。

重复次数

- 上下摆动练习数次。

! 注意事项

- 双臂后摆高度不要超过头顶；
- 保持呼吸。

练习五

起始姿势

- 坐在椅子的前 1/3 处；
- 双脚分开，与髋同宽；
- 双臂于体侧自然下垂。

动作要领

- 双脚撑地；
- 收紧臀肌，腹部回缩；
- 挺直背部；
- 头部尽可能向上伸展；
- 下巴微微朝胸部方向内收；
- 双臂交替前后摆动。

重复次数

- 前后摆动练习数次。

! 注意事项

- 在摆动双臂时，保持肌肉紧张；
- 保持呼吸。

练习六

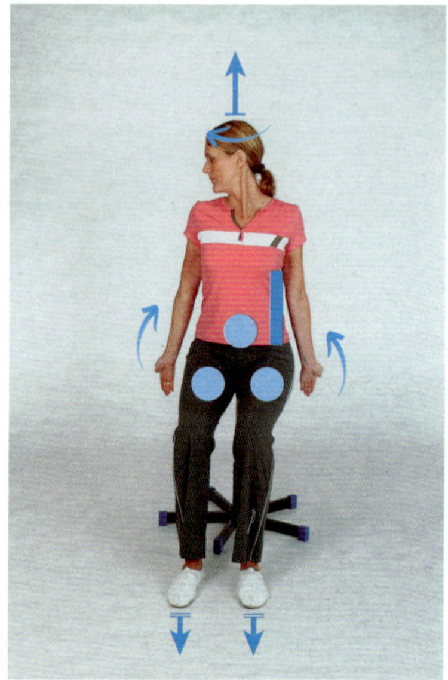

起始姿势

- 坐在椅子的前 1/3 处；
- 双脚分开，与髋同宽；
- 双臂于体侧自然下垂。

动作要领

- 双脚撑地；
- 收紧臀肌，腹部回缩，挺直背部；
- 头部尽可能向上伸展；
- 下巴微微朝胸部方向内收；
- 双臂外旋；
- 拇指向后；
- 肩胛骨向脊柱方向靠拢；
- 头部缓缓向右转动；
- 目光越过肩膀望向后方；
- 保持这个姿势片刻；
- 头部缓缓转回正中位置，全身放松。

重复次数

- 向身体两侧交替练习 2 次。

! 注意事项

- 保持呼吸。

练习七

起始姿势

- 坐在椅子上；
- 双脚分开，略比髋宽；
- 双臂于体侧自然下垂。

动作要领

- 上身前屈；
- 前臂置于大腿上；
- 双手自然悬垂于大腿内侧；
- 低头，眼睛微闭；
- 全身放松；
- 感受自己的呼吸（注意呼吸节奏）；
- 排除杂念，开始冥想；
- 慢慢挺直身体；
- 舒展四肢，拉伸全身肌肉。

重复次数

- 1 次。

! 注意事项

- 不要忘记最后的拉伸。

24 第二十四个练习日

练习一

练习二

练习三

练习四

练习五

练习六

练习七

练习效果

练习	效果
一	• 热身 • 强化腿部、手臂、腹部和背部肌肉 • 配合深呼吸
二	• 强化臀部、腹部、背部和肩胛骨肌肉 • 拉伸胸部和肩部肌肉
三	• 通过等长收缩训练增强肌肉力量，感知肌肉收缩给身体带来的变化
四	• 强化臀部、腹部和背部肌肉 • 激活肩关节
五	• 强化臀部、腹部和背部肌肉 • 打开胸廓，活动肩关节，感受背部，尤其是下背部的肌肉力量
六	• 强化臀部、腹部、肩胛骨和背部肌肉 • 拉伸肩部肌肉
七	• 通过“马车夫体态”使全身放松

练习一

起始姿势

- 坐在椅子上；
- 双臂于体侧自然下垂。

动作要领

- 双臂和双腿朝相反的方向活动；
- 左腿抬高，脚背勾起；
- 右臂向上拉伸；
- 右手掌心向上，朝向天花板；
- 右腿前伸，脚背勾起；
- 左臂向下拉伸；
- 左手掌心向下，朝向地面；
- 双臂和双腿交替练习；舒展四肢，拉伸全身肌肉。

重复次数

- 数次。

! 注意事项

- 保持呼吸。

练习二

起始姿势

- 坐在椅子的前 1/3 处；
- 双脚分开，与髋同宽；
- 双臂于体侧自然下垂。

动作要领

拉伸练习

- 双脚撑地；
- 收紧臀肌，腹部回缩，挺直背部；
- 头部尽可能向上伸展；
- 下巴微微朝胸部方向内收；
- 双手于背后交叠；
- 掌心转向座椅方向，双臂伸直；
- 肩胛骨向脊柱方向靠拢；
- 保持这个姿势片刻；
- 双手还原，全身放松。

重复次数

- 3 次。

! 注意事项

- 保持背部挺直；
- 保持呼吸。

练习三

起始姿势

- 坐在椅子的前 1/3 处；
- 双脚分开，与髋同宽；
- 双臂于体侧自然下垂。

动作要领

- 双脚撑地；
- 收紧臀肌；
- 腹部回缩；
- 挺直背部；
- 头部尽可能向上伸展；
- 下巴微微朝胸部方向内收；
- 双臂交叉，抬至胸前；
- 左手向左侧拉伸右上臂；
- 右上臂对抗左手的拉伸；
- 保持这个姿势片刻；
- 全身放松。

重复次数

- 左右两侧交替练习 2 次。

! 注意事项

- 保持背部挺直；
- 保持呼吸。

练习四

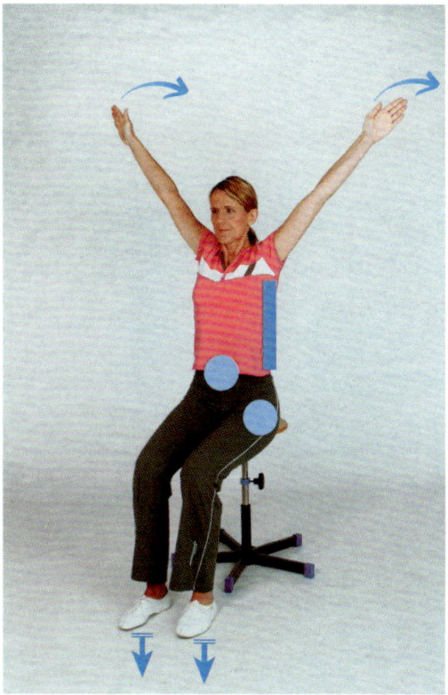

起始姿势

- 坐在椅子的前 1/3 处；
- 双脚分开，与髋同宽；
- 双臂于体侧自然下垂。

动作要领

- 双脚撑地；
- 收紧臀肌；
- 腹部回缩；
- 挺直背部；
- 伸直头部；
- 双臂从前向后大幅度画圈；
- 双臂放回体侧；
- 全身放松。

重复次数

- 数次。

! 注意事项

- 保持背部挺直；
- 保持呼吸。

练习五

起始姿势

- 坐在椅子的前 1/3 处；
- 双脚分开，与髋同宽；
- 双臂于体侧自然下垂。

动作要领

- 双脚撑地；
- 右臂从前向后画圈；
- 左臂从后向前画圈；
- 上身跟随手臂一起活动；
- 双臂放回体侧；
- 全身放松。

重复次数

- 数次。

! 注意事项

- 头部向上伸展；
- 目视前方；
- 保持呼吸。

练习六

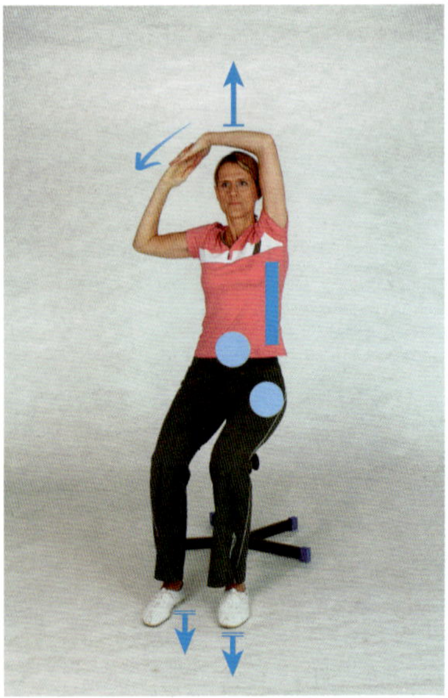

起始姿势

- 坐在椅子的前 1/3 处；
- 双脚分开，与髋同宽；
- 双臂于体侧自然下垂。

动作要领

- 双脚撑地；
- 收紧臀肌；
- 腹部回缩；
- 挺直背部；
- 头部尽可能向上伸展；
- 下巴微微朝胸部方向内收；
- 双手交叉，举至头顶上方；
- 右手将左臂拉向右侧，直至左前臂触到头顶；
- 保持这个姿势片刻；
- 放下双臂，全身放松。

重复次数

- 左右两侧交替练习 2 次。

! 注意事项

- 保持背部挺直，身体不要倾斜；
- 保持呼吸。

练习七

起始姿势

- 坐在椅子上；
- 双脚分开，略比髋宽；
- 双臂于体侧自然下垂。

动作要领

- 上身前屈；
- 前臂置于大腿上；
- 双手自然悬垂于大腿内侧；
- 低头，眼睛微闭；
- 全身放松；
- 感受自己的呼吸（注意呼吸节奏）；
- 排除杂念，开始冥想；
- 慢慢挺直身体；
- 舒展四肢，拉伸全身肌肉。

重复次数

- 1 次。

! 注意事项

- 不要忘记最后的拉伸。

25 第二十五个练习日

练习一

练习二

练习三

练习四

练习五

练习六

练习七

练习效果

练习	效果
一	• 热身 • 强化腿部、手臂、腹部和背部肌肉 • 配合深呼吸
二	• 强化臀部、腹部和背部肌肉 • 拉伸颈前肌群和颈后肌群
三	• 强化臀部、腹部和背部肌肉 • 通过等长收缩训练强化颈前肌群和颈后肌群
四	• 强化臀部、腹部和背部肌肉 • 激活和伸展胸廓、肩关节和手臂，强化肩胛骨肌肉和肩胛带肌群
五	• 强化臀部、腹部和背部肌肉 • 激活肩关节、肩胛带和手臂
六	• 强化臀部、腹部和背部肌肉 • 通过等长收缩训练强化颈前肌群、颈后肌群、肩胛带肌群和背部肌肉 • 重复拉伸同一部位的肌肉
七	• 通过“马车夫体态”使全身放松

练习一

起始姿势

- 坐在椅子上；
- 双臂于体侧自然下垂。

动作要领

- 双臂和双腿朝相反的方向活动；
- 左腿抬高，脚背勾起；
- 右臂向上拉伸；
- 右手掌心向上，朝向天花板；
- 右腿前伸，脚背勾起；
- 左臂向下拉伸；
- 左手掌心向下，朝向地面；
- 双臂和双腿交替练习；舒展四肢，拉伸全身肌肉。

重复次数

- 数次。

! 注意事项

- 保持呼吸。

练习二

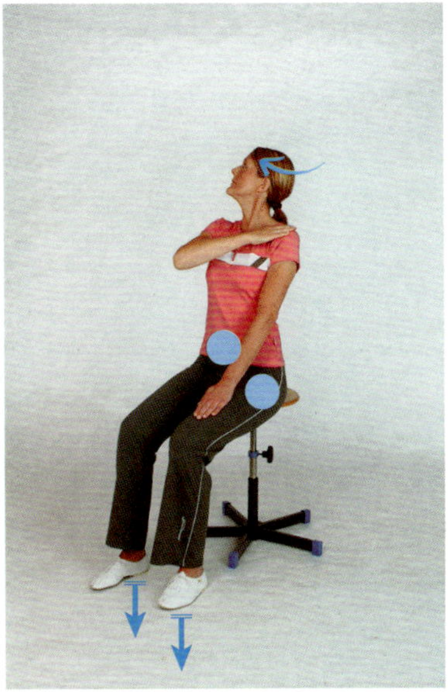

起始姿势

- 坐在椅子的前 1/3 处；
- 双脚分开，与髋同宽；
- 双手自然平放于大腿上。

动作要领

拉伸练习

- 双脚撑地；
- 收紧臀肌，腹部回缩，挺直背部；
- 右手放在左肩上；
- 头部微微后仰，并向右侧旋转；
- 目视后上方；
- 保持这个姿势片刻；
- 头部转回原位；
- 放下双臂；
- 全身放松。

重复次数

- 向身体两侧交替练习 2 次。

! 注意事项

- 转头时，肩部保持不动，可以用手固定肩膀的位置；
- 保持呼吸。

练习三

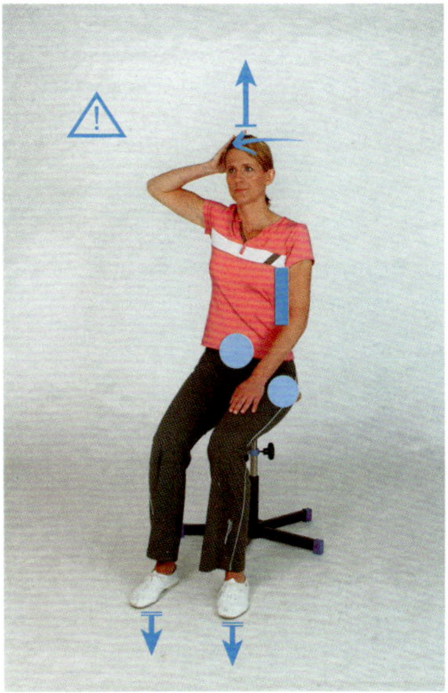

起始姿势

- 坐在椅子的前 1/3 处；
- 双脚分开，与髋同宽；
- 双手自然平放于大腿上。

动作要领

- 双脚撑地；
- 收紧臀肌，腹部回缩，挺直背部；
- 头部尽可能向上伸展；
- 下巴微微朝胸部方向内收；
- 右手置于右耳上方，手贴头部；
- 头部轻轻地向掌心方向按压；
- 手也轻轻按压头部；
- 保持这个姿势片刻；
- 全身放松。

重复次数

- 左右两侧交替练习 2 次。

! 注意事项

- 头部不要向一侧倾斜；
- 头部保持在正中位置；
- 目视前方；
- 保持呼吸。

练习四

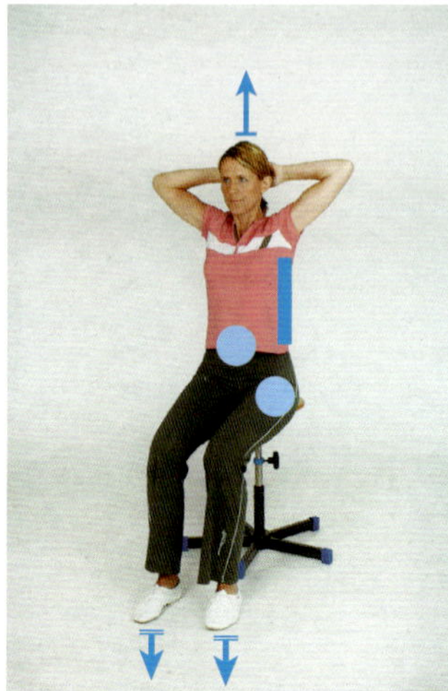
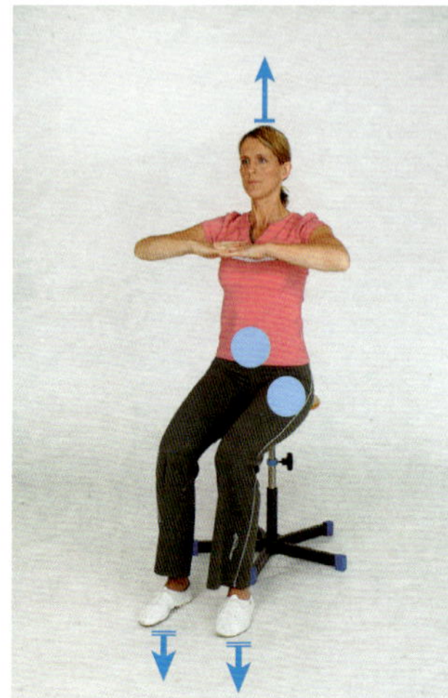

起始姿势

- 坐在椅子的前 1/3 处；
- 双脚分开，与髋同宽；
- 双臂于体侧自然下垂。

动作要领

- 双脚撑地；
- 收紧臀肌；
- 腹部回缩；
- 挺直背部；
- 头部尽可能向上伸展；
- 下巴微微朝胸部方向内收；
- 双臂举过头顶，向上拉伸；
- 双手十指紧扣；
- 双手抱头；
- 双臂举过头顶，向上拉伸；
- 双手下拉至胸前；
- 松开双手，放下双臂；
- 全身放松。

重复次数

- 数次。

! 注意事项

- 保持背部挺直；
- 练习时速度要慢；
- 保持呼吸。

练习五

起始姿势

- 坐在椅子的前 1/3 处；
- 双脚分开，与髋同宽；
- 双臂于体侧自然下垂。

动作要领

- 双脚撑地；
- 收紧臀肌；
- 腹部回缩；
- 挺直背部；
- 头部尽可能向上伸展；
- 下巴微微朝胸部方向内收；
- 双手十指紧扣；
- 双手向前、向右、向左大幅度画圈，同时弯曲或拉伸肘部；
- 放下双臂；
- 全身放松。

重复次数

- 数次。

! 注意事项

- 保持背部挺直；
- 保持呼吸。

练习六

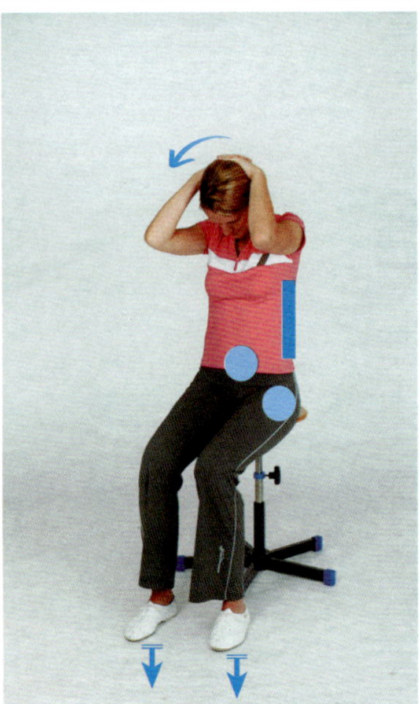

起始姿势

- 坐在椅子的前 1/3 处；
- 双脚分开，与髋同宽；
- 双臂于体侧自然下垂。

动作要领

- 双脚撑地；
- 收紧臀肌；
- 腹部回缩；
- 挺直背部；
- 头部尽可能向上伸展；
- 下巴微微朝胸部方向内收；
- 双手抱头；
- 头部轻轻压向掌心；
- 保持这个姿势片刻；
- 缓缓将头前屈；
- 保持背部挺直；
- 保持这个姿势片刻；
- 抬头，放下双臂；
- 全身放松。

重复次数

- 3 次。

! 注意事项

- 不要用手向前或向下按压头部；
- 保持呼吸。

练习七

起始姿势

- 坐在椅子上；
- 双脚分开，略比髋宽；
- 双臂于体侧自然下垂。

动作要领

- 上身前屈；
- 前臂置于大腿上；
- 双手自然悬垂于大腿内侧；
- 低头，眼睛微闭；
- 全身放松；
- 感受自己的呼吸（注意呼吸节奏）；
- 排除杂念，开始冥想；
- 慢慢挺直身体；
- 舒展四肢，拉伸全身肌肉。

重复次数

- 1 次。

! 注意事项

- 不要忘记最后的拉伸。

26 第二十六个练习日

练习一

练习二

练习三

练习四

练习五

练习六

练习七

练习效果

练习	效果
一	• 热身 • 强化腿部、手臂、腹部和背部肌肉 • 配合深呼吸
二	• 强化臀部、腹部和背部肌肉 • 全方位拉伸胸部、手臂、肩部肌肉和颈后肌群
三	• 强化臀部、腹部、背部、肩胛骨肌肉，以及肩胛带肌群、颈前肌群和颈后肌群
四	• 强化臀部、腹部、背部肌肉，以及肩胛带肌群和颈后肌群
五	• 强化臀部、腹部和背部肌肉 • 激活肩关节、胸锁关节和肩锁关节
六	• 强化臀部、腹部和背部肌肉 • 拉伸肩部肌肉和颈后肌群
七	• 通过“马车夫体态”使全身放松

练习一

起始姿势

- 坐在椅子上；
- 双臂于体侧自然下垂。

动作要领

- 双臂和双腿朝相反的方向活动；
- 左腿抬高，脚背勾起；
- 右臂向上拉伸；
- 右手掌心向上，朝向天花板；
- 右腿前伸，脚背勾起；
- 左臂向下拉伸；
- 左手掌心向下，朝向地面；
- 双臂和双腿交替练习；舒展四肢，拉伸全身肌肉。

重复次数

- 数次。

! 注意事项

- 保持呼吸。

练习二

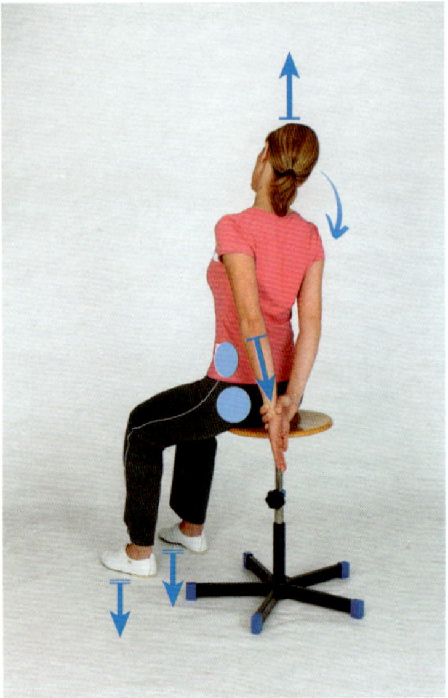

起始姿势

- 坐在椅子的前 1/3 处；
- 双脚分开，与髋同宽；
- 双臂于体侧自然下垂。

动作要领

拉伸练习

- 双脚撑地；
- 收紧臀肌，腹部回缩，挺直背部；
- 头部尽可能向上伸展；
- 下巴微微朝胸部方向内收；
- 双手置于背后，右手握住左前臂；
- 头部向右倾斜；
- 右手轻轻向下拉伸左臂；
- 保持这个姿势片刻；
- 头部回到正中位置，全身放松。

重复次数

- 向身体两侧交替练习 2 次。

! 注意事项

- 保持背部挺直，身体不要向一侧倾斜；
- 保持呼吸。

练习三

起始姿势

- 坐在椅子的前 1/3 处；
- 双脚分开，与髋同宽；
- 双臂于体侧自然下垂。

动作要领

- 双脚撑地；
- 收紧臀肌；
- 腹部回缩；
- 挺直背部；
- 将毛巾或围巾置于枕部；
- 双手抓住毛巾或围巾的两端；
- 头部尽可能向后拉伸，以对抗毛巾或围巾的阻力；
- 保持这个姿势片刻；
- 全身放松。

重复次数

- 3 次。

! 注意事项

- 头部保持在正中位置；
- 目视前方；
- 保持呼吸。

练习四

起始姿势

- 坐在椅子的前 1/3 处；
- 双脚分开，与髋同宽；
- 双臂于体侧自然下垂。

动作要领

- 双脚撑地；
- 收紧臀肌；
- 腹部回缩；
- 挺直背部；
- 伸直头部；
- 一只手在枕部抓住毛巾或围巾的一端，另一只手在腰背部抓住毛巾或围巾的另一端；
- 缓缓将毛巾上下交替拉动；
- 放下双臂，全身放松。

重复次数

- 双手上下拉动毛巾或围巾数次。

! 注意事项

- 保持背部挺直；
- 保持呼吸。

练习五

起始姿势

- 坐在椅子的前 1/3 处；
- 双脚分开，与髋同宽；
- 双臂于体侧自然下垂。

动作要领

- 双脚撑地；
- 收紧臀肌；
- 腹部回缩；
- 挺直背部；
- 头部尽可能向上伸展；
- 下巴微微朝胸部方向内收；
- 抓住毛巾或围巾的两端，中间留出与肩同宽的距离；
- 伸直双臂；
- 右手向上方转，左手向下方转；
- 双臂交替练习数次；
- 放下双臂，全身放松。

重复次数

- 双臂按顺时针和逆时针方向交替练习数次。

! 注意事项

- 毛巾或围巾始终处于紧绷状态；
- 保持呼吸。

练习六

起始姿势

- 坐在椅子的前 1/3 处；
- 双脚分开，与髋同宽；
- 双臂于体侧自然下垂。

动作要领

拉伸练习

- 双脚撑地；
- 收紧臀肌，腹部回缩，挺直背部；
- 双手抱头；
- 低头，双肘向上拉伸；
- 保持这个姿势片刻；
- 抬头，放下双臂；
- 全身放松。

重复次数

- 3 次。

! 注意事项

- 不要用手按压头部；
- 只需低头，身体不要前倾；
- 保持背部挺直；
- 保持呼吸。

练习七

起始姿势

- 坐在椅子上；
- 双脚分开，略比髋宽；
- 双臂于体侧自然下垂。

动作要领

- 上身前屈；
- 前臂置于大腿上；
- 双手自然悬垂于大腿内侧；
- 低头，眼睛微闭；
- 全身放松；
- 感受自己的呼吸（注意呼吸节奏）；
- 排除杂念，开始冥想；
- 慢慢挺直身体；
- 舒展四肢，拉伸全身肌肉。

重复次数

- 1 次。

! 注意事项

- 不要忘记最后的拉伸。

27 第二十七个练习日

练习一

练习二

练习三

练习四

练习五

练习六

练习七

练习效果

练习	效果
一	• 热身 • 强化腿部、手臂、腹部和背部肌肉 • 配合深呼吸
二	• 强化臀部、腹部、肩胛骨肌肉，以及颈后肌群和肩胛带肌群 • 拉伸肩胛带肌群和肩胛骨肌肉
三	• 强化臀部、腹部和背部肌肉 • 通过等长收缩训练强化肩胛带肌群、颈前肌群和颈后肌群
四	• 强化臀部、腹部、背部肌肉，以及肩胛带肌群和颈后肌群 • 激活肩关节
五	• 强化臀部、腹部、背部、肩胛骨肌肉和肩胛带肌群 • 激活肩关节
六	• 强化臀部、腹部、背部肌肉，以及肩胛带肌群和颈后肌群 • 拉伸胸部和肩部肌肉
七	• 通过“马车夫体态”使全身放松

练习一

起始姿势

- 坐在椅子上；
- 双臂于体侧自然下垂。

动作要领

- 双臂和双腿朝相反的方向活动；
- 左腿抬高，脚背勾起；
- 右臂向上拉伸；
- 右手掌心向上，朝向天花板；
- 右腿前伸，脚背勾起；
- 左臂向下拉伸；
- 左手掌心向下，朝向地面；
- 双臂和双腿交替练习；舒展四肢，拉伸全身肌肉。

重复次数

- 数次。

! 注意事项

- 保持呼吸。

练习二

起始姿势

- 坐在椅子的前 1/3 处；
- 双脚分开，与髋同宽；
- 双臂于体侧自然下垂。

动作要领

拉伸练习

- 双脚撑地；
- 收紧臀肌；
- 腹部回缩；
- 头部尽可能向上伸展；
- 下巴微微朝胸部方向内收；
- 双手握拳，搭在肩膀上；
- 肘部向后上方伸展至齐肩高度；
- 保持这个姿势片刻；
- 松开拳头，指尖搭在肩膀上；
- 双肘于齐肩高度靠拢；
- 保持这个姿势片刻；
- 放下双臂，全身放松。

重复次数

- 3 次。

! 注意事项

- 保持背部挺直；
- 保持呼吸。

练习三

起始姿势

- 坐在椅子的前 1/3 处；
- 双脚分开，与髋同宽；
- 双臂于体侧自然下垂。

动作要领

- 双脚撑地；
- 收紧臀肌；
- 腹部回缩；
- 挺直背部；
- 伸直头部；
- 双手交叉置于前额；
- 头部轻轻压向掌心；
- 双手给头一个反作用力；
- 保持这个姿势片刻；
- 放下双臂，全身放松。

重复次数

- 3 次。

! 注意事项

- 头部保持在正中位置；
- 不要低头；
- 目视前方；
- 保持呼吸。

练习四

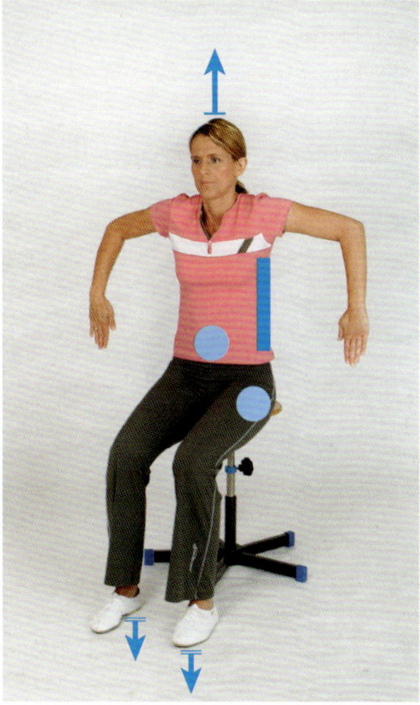

起始姿势

- 坐在椅子的前 1/3 处；
- 双脚分开，与髋同宽；
- 双臂于体侧自然下垂。

动作要领

- 双脚撑地；
- 收紧臀肌；
- 腹部回缩；
- 挺直背部；
- 头部尽可能向上伸展；
- 下巴微微朝胸部方向内收；
- 右手搭在左肩上，左手搭在右肩上；
- 双臂分别向身体两侧外展；
- 双肘弯曲；
- 双手向上；
- 旋转双臂，双手向下；
- 旋转双臂，双手向上；
- 双手交叉放回肩膀；
- 双臂交替练习；
- 放下双臂，全身放松。

重复次数

- 数次。

! 注意事项

- 双手交叉放在肩膀上；
- 不要耸肩；
- 保持呼吸。

练习五

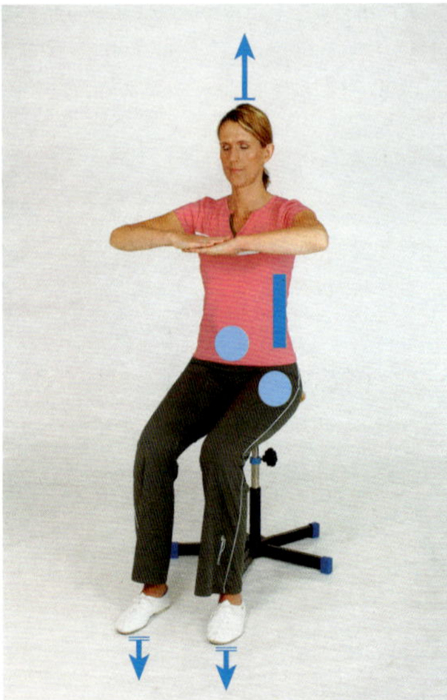

起始姿势

- 坐在椅子的前 1/3 处；
- 双脚分开，与臀部同宽；
- 双臂于体侧自然下垂。

动作要领

- 双脚撑地；
- 收紧臀肌；
- 腹部回缩；
- 挺直背部；
- 头部尽可能向上伸展；
- 下巴微微朝胸部方向内收；
- 右手置于左手上；
- 双臂抬至齐胸高度；
- 双臂向上拉伸；
- 双手十指分开；
- 双臂向后上方拉伸；
- 双臂放回齐胸高度；
- 左手置于右手上；
- 双臂再次向上拉伸；
- 双臂交替练习；
- 放下双臂，全身放松。

重复次数

- 数次。

! 注意事项

- 保持背部挺直；
- 保持呼吸。

练习六

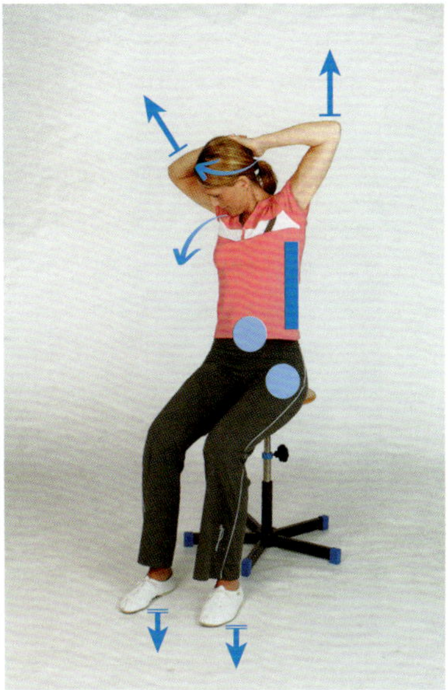

起始姿势

- 坐在椅子的前 1/3 处；
- 双脚分开，与髋同宽；
- 双臂于体侧自然下垂。

动作要领

拉伸练习

- 双脚撑地；
- 收紧臀肌，腹部回缩，挺直背部；
- 双手抱头；
- 头部微微向右转；
- 朝右胸方向低头；
- 左肘向上拉伸；
- 保持这个姿势片刻；
- 抬头，头部转回正中位置；
- 放下双臂，全身放松；
- 双臂交替练习。

重复次数

- 向身体两侧交替练习 2 次。

! 注意事项

- 不要用双手按压头部；
- 保持背部挺直；
- 保持呼吸。

练习七

起始姿势

- 坐在椅子上；
- 双脚分开，略比髋宽；
- 双臂于体侧自然下垂。

动作要领

- 上身前屈；
- 前臂置于大腿上；
- 双手自然悬垂于大腿内侧；
- 低头，眼睛微闭；
- 全身放松；
- 感受自己的呼吸（注意呼吸节奏）；
- 排除杂念，开始冥想；
- 慢慢挺直身体；
- 舒展四肢，拉伸全身肌肉。

重复次数

- 1 次。

! 注意事项

- 不要忘记最后的拉伸。

28 第二十八个练习日

练习一

练习二

练习三

练习四

练习五

练习六

练习七

练习效果

练习	效果
一	• 热身 • 强化腿部、手臂、腹部和背部肌肉 • 配合深呼吸
二	• 强化臀部、腹部和背部肌肉 • 拉伸肩部肌肉、肩胛带肌群和颈后肌群
三	• 通过等长收缩训练增强肌肉力量，感知肌肉收缩给身体带来的变化
四	• 强化臀部、腹部和背部肌肉 • 激活肩关节
五	• 强化臀部、腹部和背部肌肉 • 激活肩关节
六	• 强化臀部、腹部和背部肌肉 • 拉伸颈后肌群和肩部、手臂肌肉
七	• 通过“马车夫体态”使全身放松

练习建议：向你的牙医咨询

如果经过练习，你的颈部疼痛和背部疼痛没有得到缓解，而你又不知道引起疼痛的原因，建议你去看一下牙医。

咀嚼系统功能紊乱可能会导致颈背疼痛。专业医生可以采用专业仪器检查颞下颌关节和上下颌的活动，并诊断错位的具体位置。咀嚼系统功能紊乱，上下颌之间的咬合就会受到干扰。如果上下颌咬合错位，会导致咀嚼肌、面肌和颈肌紧张，头部的位置会因此受到影响，进而改变颈椎的弯曲度；接着，还会导致胸椎和腰椎错位，使椎间盘受力不均，加重椎间盘的负担；最终，会引起骨盆位置偏移，腿部缩短。牙医常常能帮助纠正头部错位的问题，因为头部错位通常是由不合适的牙桥、牙冠或义齿导致的。这些牙齿问题解决了，头部和脊椎就能恢复原位，疼痛就会消失。

练习一

起始姿势

- 坐在椅子上；
- 双臂于体侧自然下垂。

动作要领

- 双臂和双腿朝相反的方向活动；
- 左腿抬高，脚背勾起；
- 右臂向上拉伸；
- 右手掌心向上，朝向天花板；
- 右腿前伸，脚背勾起；
- 左臂向下拉伸；
- 左手掌心向下，朝向地面；
- 双臂和双腿交替练习；舒展四肢，拉伸全身肌肉。

重复次数

- 数次。

! 注意事项

- 保持呼吸。

练习二

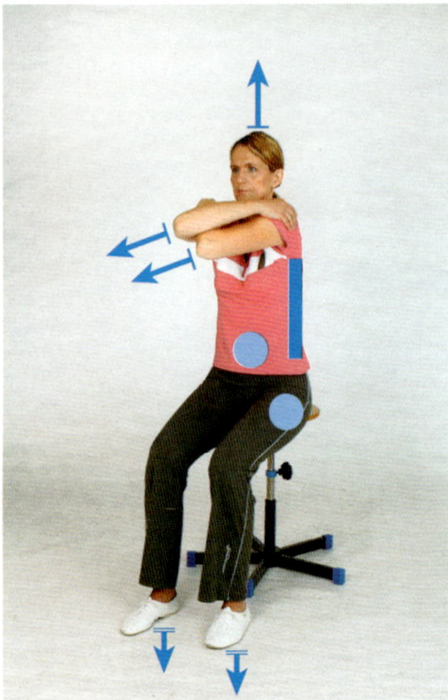

起始姿势

- 坐在椅子的前 1/3 处；
- 双脚分开，与髋同宽；
- 双臂于体侧自然下垂。

动作要领

拉伸练习

- 双脚撑地；
- 收紧臀肌，腹部回缩，挺直背部；
- 头部尽可能向上伸展；
- 下巴微微朝胸部方向内收；
- 双手抱肩；
- 双肘向前伸；
- 保持这个姿势片刻；
- 放下双臂，全身放松。

重复次数

- 3 次。

！注意事项

- 身体不要前屈；
- 保持背部挺直；
- 保持呼吸。

练习三

起始姿势

- 坐在椅子的前 1/3 处；
- 双脚分开，与髋同宽；
- 双臂于体侧自然下垂。

动作要领

- 双脚撑地；
- 收紧臀肌，腹部回缩，挺直背部；
- 头部尽可能向上伸展；
- 下巴微微朝胸部方向内收；
- 双手于肚脐高度交握；
- 双手互相按压；
- 保持这个姿势片刻；
- 放下双臂，全身放松。

重复次数

- 3 次。

！注意事项

- 双手互相按压时，肩胛骨往脊柱方向靠拢；
- 保持呼吸。

练习四

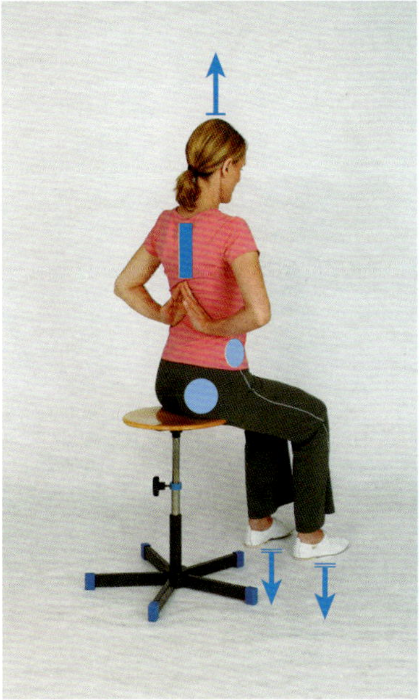

起始姿势

- 坐在椅子的前 1/3 处；
- 双脚分开，与髋同宽；
- 双臂于体侧自然下垂。

动作要领

- 双脚撑地；
- 收紧臀肌；
- 腹部回缩；
- 挺直背部；
- 头部尽可能向上伸展；
- 下巴微微朝胸部方向内收；
- 双手越过肩膀置于背后；
- 肘部朝上；
- 双手从身体两侧背于身后；
- 双手指尖相触；
- 交替练习；
- 放下双臂；
- 全身放松。

重复次数

- 数次。

! 注意事项

- 保持背部挺直；
- 保持呼吸。

练习五

起始姿势

- 坐在椅子的前 1/3 处；
- 双脚分开，与髋同宽；
- 双臂于体侧自然下垂。

动作要领

- 双脚撑地；
- 收紧臀肌，腹部回缩，挺直背部；
- 头部尽可能向上伸展；
- 下巴微微朝胸部方向内收；
- 右手置于枕部；
- 左手置于后腰处；
- 左手置于枕部；
- 右手置于后腰处；
- 双手交替练习数次；
- 放下双臂，全身放松。

重复次数

- 数次。

! 注意事项

- 保持背部挺直；
- 保持呼吸。

练习六

起始姿势

- 坐在椅子的前 1/3 处；
- 双脚分开，与髋同宽；
- 双臂于体侧自然下垂。

动作要领

- 双脚撑地；
- 收紧臀肌，腹部回缩，挺直背部；
- 伸直头部；
- 右手越过头顶放在左耳上；
- 头部微微向右倾斜；
- 左臂缓缓向下拉伸；
- 保持这个姿势片刻；
- 头部回到正中位置；
- 放下右臂，全身放松。

重复次数

- 左右两侧交替练习 2 次。

! 注意事项

- 只倾斜头部；
- 保持背部挺直；
- 保持呼吸。

练习七

起始姿势

- 坐在椅子上；
- 双脚分开，略比髋宽；
- 双臂于体侧自然下垂。

动作要领

- 上身前屈；
- 前臂置于大腿上；
- 双手自然悬垂于大腿内侧；
- 低头，眼睛微闭；
- 全身放松；
- 感受自己的呼吸（注意呼吸节奏）；
- 排除杂念，开始冥想；
- 慢慢挺直身体；
- 舒展四肢，拉伸全身肌肉。

重复次数

- 1次。

! 注意事项

- 不要忘记最后的拉伸。

29 第二十九个练习日

练习一

练习二

练习三

练习四

练习五

练习六

练习七

练习效果

练习	效果
一	• 热身 • 强化腿部、手臂、腹部和背部肌肉 • 配合深呼吸
二	• 强化臀部、腹部、背部、肩胛骨肌肉，以及肩胛带肌群和颈后肌群 • 拉伸肩部
三	• 通过等长收缩训练增强肌肉力量，感知肌肉收缩给身体带来的变化
四	• 通过等长收缩训练增强肌肉力量，感知肌肉收缩给身体带来的变化
五	• 激活脊柱，拉伸背部肌肉
六	• 强化臀部、腹部和背部肌肉 • 拉伸颈后肌群
七	• 通过“马车夫体态”使全身放松

练习一

起始姿势

- 坐在椅子上；
- 双臂于体侧自然下垂。

动作要领

- 双臂和双腿朝相反的方向活动；
- 左腿抬高，脚背勾起；
- 右臂向上拉伸；
- 右手掌心向上，朝向天花板；
- 右腿前伸，脚背勾起；
- 左臂向下拉伸；
- 左手掌心向下，朝向地面；
- 双臂和双腿交替练习；舒展四肢，拉伸全身肌肉。

重复次数

- 数次。

! 注意事项

- 保持呼吸。

练习二

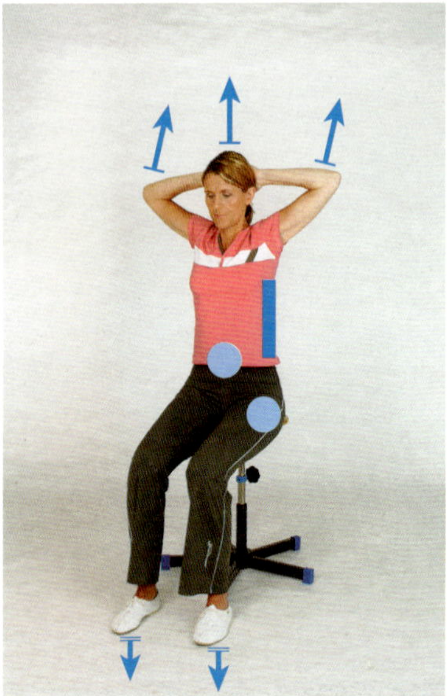

起始姿势

- 坐在椅子的前 1/3 处；
- 双脚分开，与髋同宽；
- 双臂于体侧自然下垂。

动作要领

拉伸练习

- 双脚撑地；
- 收紧臀肌；
- 腹部回缩；
- 挺直背部；
- 头部尽可能向上伸展；
- 下巴微微朝胸部方向内收；
- 双手抱头；
- 双肘向后拉伸；
- 保持这个姿势片刻；
- 放下双臂，全身放松。

重复次数

- 3 次。

! 注意事项

- 不要用双手按压头部；
- 保持呼吸。

练习三

起始姿势

- 坐在椅子的前 1/3 处；
- 双脚分开，与髋同宽；
- 双臂于体侧自然下垂。

动作要领

- 双脚撑地；
- 收紧臀肌；
- 腹部回缩；
- 挺直背部；
- 头部尽可能向上伸展；
- 下巴微微朝胸部方向内收；
- 双手十指交叉，双臂抬至齐胸高度；
- 双臂分别向身体两侧拉伸；
- 保持这个姿势片刻；
- 放下双臂，全身放松。

重复次数

- 3 次。

! 注意事项

- 不要耸肩；
- 肩胛骨向脊柱方向靠拢；
- 保持呼吸。

练习四

起始姿势

- 坐在椅子的前 1/3 处；
- 双脚分开，与髋同宽；
- 双臂于体侧自然下垂。

动作要领

- 双脚撑地；
- 收紧臀肌，腹部回缩，挺直背部；
- 头部尽可能向上伸展；
- 下巴微微朝胸部方向内收；
- 双手交叠；
- 双臂向前伸展；
- 双肘微微弯曲；
- 双手互相按压；
- 保持这个姿势片刻；
- 放下双臂，全身放松。

重复次数

- 3 次。

！注意事项

- 保持背部挺直；
- 保持呼吸。

练习五

起始姿势

- 坐在椅子的前 1/3 处；
- 双脚分开，略比髋宽；
- 双臂于体侧自然下垂。

动作要领

- 坐直；
- 双臂举至头顶上方；
- 上身缓缓前屈；
- 右脚置于双手中间；
- 双手置于右膝上；
- 慢慢弯腰，低头，双手着地，后背弓起；
- 抬头；
- 左手置于左膝上，拉伸背部；
- 以同样的动作弯曲至左侧，重复练习。

重复次数

- 左右两侧交替练习 2 次。

！注意事项

- 弯曲和拉伸时动作要慢；
- 保持呼吸。

练习六

起始姿势

- 坐在椅子的前 1/3 处；
- 双脚分开，与髋同宽；
- 双臂于体侧自然下垂。

动作要领

- 双脚撑地；
- 收紧臀肌，腹部回缩，挺直背部；
- 伸直头部；
- 右手越过头顶覆于左耳；
- 左臂于齐肩高度向身体左侧伸展；
- 左手伸腕，掌心向外，微微拉伸左臂；
- 头部微微向右倾斜；
- 保持这个姿势片刻；
- 头部回到正中位置；
- 放下双臂，全身放松。

重复次数

- 向身体两侧交替练习 2 次。

! 注意事项

- 用手轻轻地将头压向一侧；
- 保持背部挺直；
- 保持呼吸。

练习七

起始姿势

- 坐在椅子上；
- 双脚分开，略比髋宽；
- 双臂于体侧自然下垂。

动作要领

- 上身前屈；
- 前臂置于大腿上；
- 双手自然悬垂于大腿内侧；
- 低头，眼睛微闭；
- 全身放松；
- 感受自己的呼吸（注意呼吸节奏）；
- 排除杂念，开始冥想；
- 慢慢挺直身体；
- 舒展四肢，拉伸全身肌肉。

重复次数

- 1 次。

! 注意事项

- 不要忘记最后的拉伸。

30 第三十个练习日

练习一

练习二

练习三

练习四

练习五

练习六

练习七

练习效果

练习	效果
一	• 热身 • 强化腿部、手臂、腹部和背部肌肉 • 配合深呼吸
二	• 强化肩部和背部肌肉 • 拉伸颈椎和胸椎
三	• 激活脊柱 • 拉伸颈后肌群、肩胛带肌群，以及肩胛骨、肩部肌肉
四	• 强化臀部、腹部和背部肌肉 • 通过等长收缩训练强化肩胛带肌群、肩胛骨肌肉和颈后肌群
五	• 激活脊柱，强化肩部肌肉、颈前肌群和颈后肌群
六	• 强化臀部、腹部、背部肌肉，以及颈后肌群、肩胛带肌群、颈前肌群
七	• 通过“马车夫体态”使全身放松

理疗师的经验之谈

无论多么热衷于运动，都要避免运动过度。

运动本身是一项有益健康的活动，它能让你精力充沛、身心愉悦。有针对性的增肌训练能帮助你纠正错误的体态，缓解身体疼痛。有效的锻炼让你身姿挺拔、步履轻盈，且自信、阳光。祝你顺利！

练习一

起始姿势

- 坐在椅子上；
- 双臂于体侧自然下垂。

动作要领

- 双臂和双腿朝相反的方向活动；
- 左腿抬高，脚背勾起；
- 右臂向上拉伸；
- 右手掌心向上，朝向天花板；
- 右腿前伸，脚背勾起；
- 左臂向下拉伸；
- 左手掌心向下，朝向地面；
- 双臂和双腿交替练习；舒展四肢，拉伸全身肌肉。

重复次数

- 数次。

! 注意事项

- 保持呼吸。

练习二

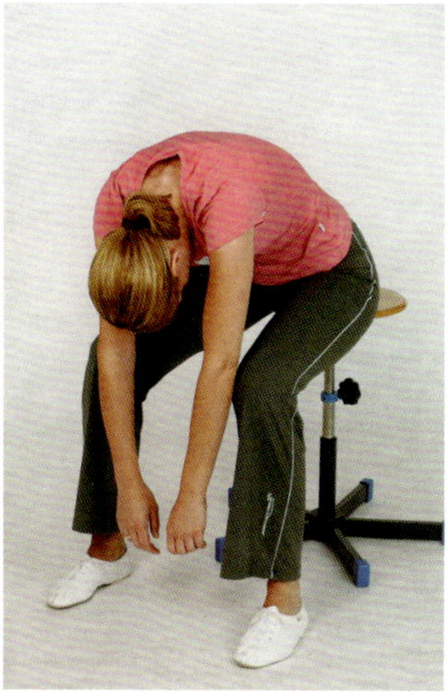

起始姿势

- 坐在椅子的前 1/3 处；
- 双脚分开，略比髋宽；
- 双臂于体侧自然下垂。

动作要领

拉伸练习

- 坐直；
- 双臂举过头顶；
- 手臂尽可能向上拉伸；
- 上身前屈，保持背部挺直；
- 双臂保持前伸；
- 头部位置保持在双臂之间；
- 上身自然低垂于大腿上；
- 双臂自然下垂；
- 缓缓抬起上身。

重复次数

- 3 次。

! 注意事项

- 上身前屈时，保持背部挺直；
- 保持呼吸。

练习三

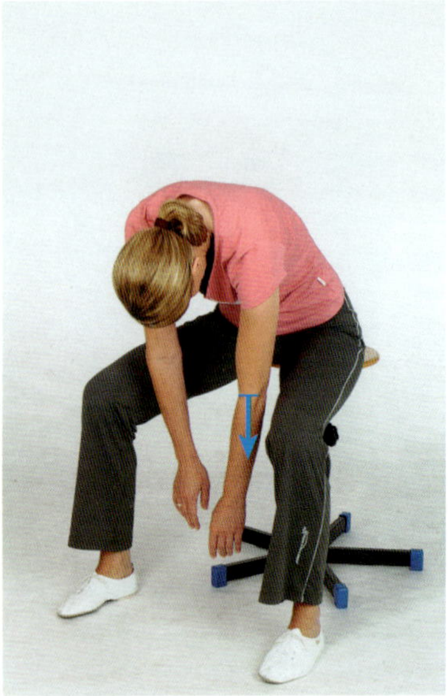

起始姿势

- 坐在椅子的前 1/3 处；
- 双脚分开，略比髋宽；
- 双臂于体侧自然下垂。

动作要领

- 坐直；
- 上身前倾；
- 双臂于双腿之间自然下垂；
- 双臂交替向下拉伸；
- 拉伸肩胛带肌群；
- 抬起上身。

重复次数

- 数次。

! 注意事项

- 拉伸时动作要慢；
- 保持呼吸。

练习四

起始姿势

- 坐在椅子的前 1/3 处；
- 双脚分开，与髋同宽；
- 双臂于体侧自然下垂。

动作要领

- 双脚撑地；
- 收紧臀肌；
- 腹部回缩；
- 挺直背部；
- 头部尽可能向上伸展；
- 下巴微微朝胸部方向内收；
- 右拳贴左手；
- 右拳用力按压左手；
- 保持双手的按压状态，双臂举过头顶；
- 松开双手；
- 双臂放回体侧，全身放松；
- 双臂交替练习。

重复次数

- 3 次。

! 注意事项

- 保持呼吸。

练习五

起始姿势

- 坐在椅子的前 1/3 处；
- 双脚分开，略比髋宽；
- 双臂于体侧自然下垂。

动作要领

- 坐直；
- 上身前倾；
- 右手碰触左脚；
- 抬起上身；
- 右臂向后上方拉伸；
- 抬头，目视右手；
- 左臂重复上述动作。

重复次数

- 左右两侧交替练习 2 次。

! 注意事项

- 保持呼吸。

练习六

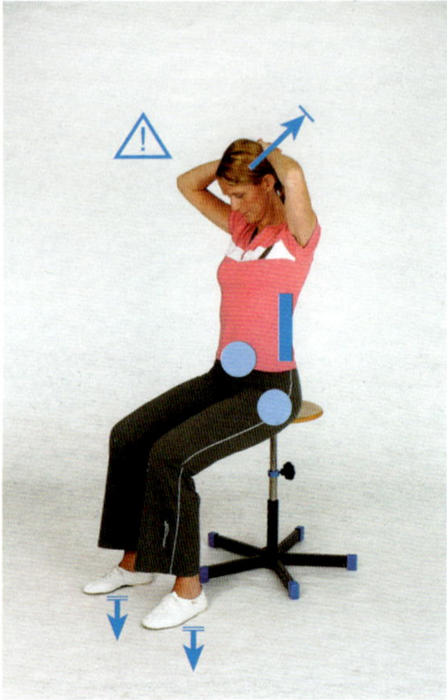

起始姿势

- 坐在椅子的前 1/3 处；
- 双脚分开，与髋同宽；
- 双臂于体侧自然下垂。

动作要领

- 坐直；
- 双脚撑地；
- 收紧臀肌；
- 腹部回缩；
- 挺直背部；
- 伸直头部；
- 向前缓缓低头；
- 双手抱头；
- 头部轻轻压向掌心，慢慢抬起；
- 双手给头一个反作用力；
- 放下双臂，全身放松。

重复次数

- 3 次。

! 注意事项

- 施力的是头，而不是手；
- 保持呼吸。

练习七

起始姿势

- 坐在椅子上；
- 双脚分开，略比髋宽；
- 双臂于体侧自然下垂。

动作要领

- 上身前屈；
- 前臂置于大腿上；
- 双手自然悬垂于大腿内侧；
- 低头，眼睛微闭；
- 全身放松；
- 感受自己的呼吸（注意呼吸节奏）；
- 排除杂念，开始冥想；
- 慢慢挺直身体；
- 舒展四肢，拉伸全身肌肉。

重复次数

- 1 次。

! 注意事项

- 不要忘记最后的拉伸。

B 拓展练习

31 通过自我按摩改善局部血液循环

练习一

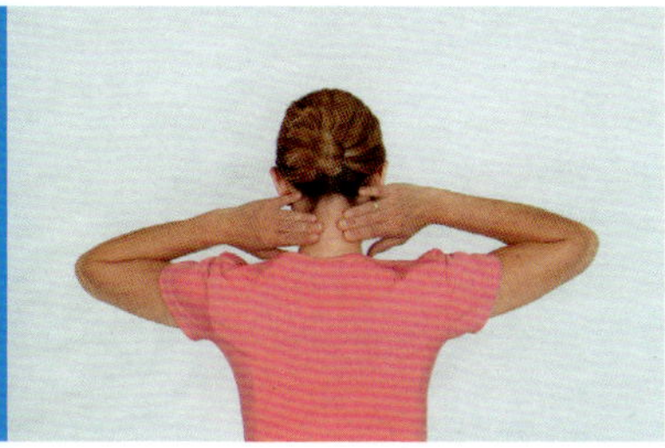

练习二

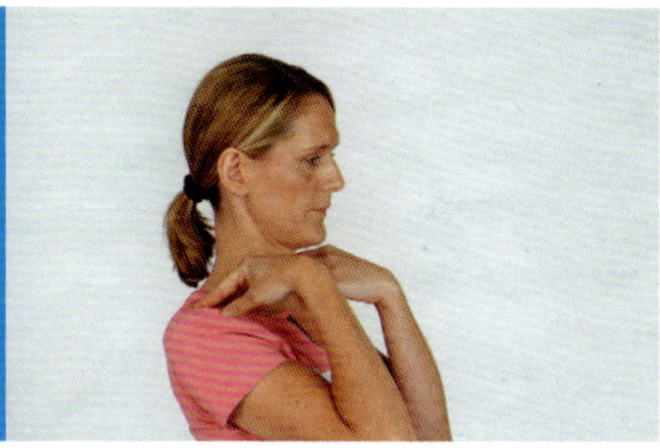

练习一

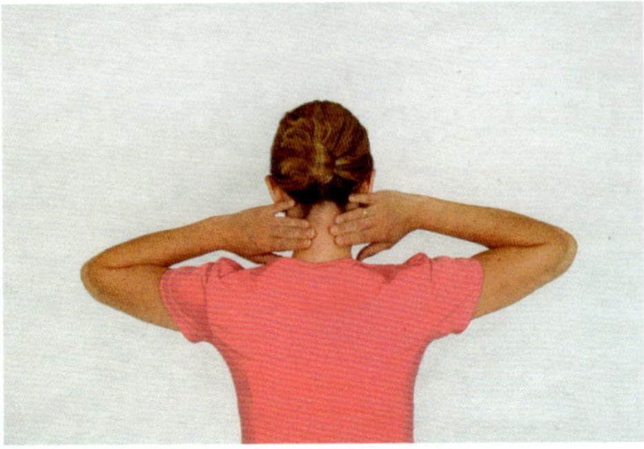

起始姿势

- 坐在椅子上；
- 双脚分开，与髋同宽；
- 双臂于体侧自然下垂。

动作要领

- 坐直；
- 头微微后仰；
- 将双手的第2、3、4指分别置于颈椎两侧；
- 以打圈按摩的方式按摩颈后部至肩部的肌肉；
- 手指轻轻将颈后部的肌肉往上推，直至枕部；
- 再以打圈按摩的方式重复上述动作。

重复次数

- 数次。

! 注意事项

- 在按摩前，先用吹风机吹热肌肉组织；
- 手指平放在颈椎两侧；
- 按摩结束后，在颈部系一块毛巾，让颈部肌肉保温几分钟。

练习二

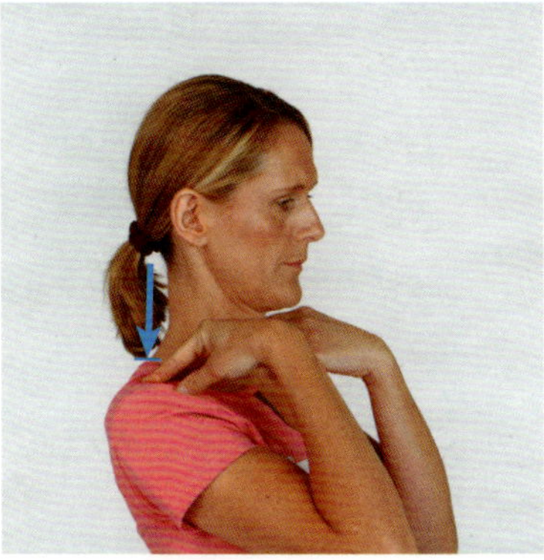

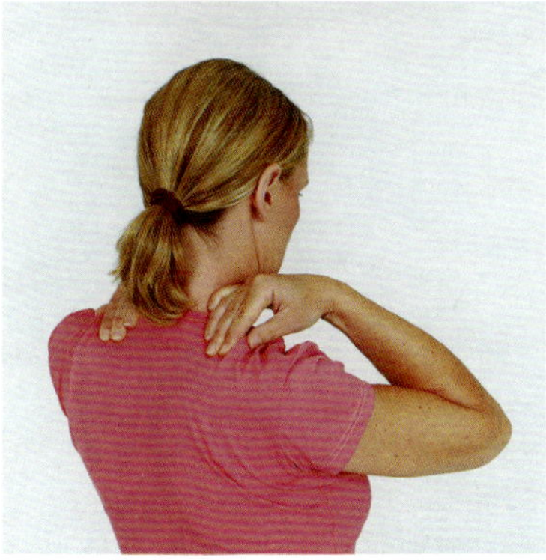

起始姿势

- 坐在椅子上；
- 双脚分开，与髋同宽；
- 双臂于体侧自然下垂。

动作要领

- 坐直；
- 双手搭在肩膀上；
- 双手用力从肩胛骨处向前按摩至锁骨处，再由锁骨处反方向按摩至肩胛骨处；
- 重复数次；
- 右手轻轻握拳；
- 用右拳轻轻敲击左颈和左肩；
- 左手轻轻握拳；
- 用左拳轻轻敲击右颈和右肩。

重复次数

- 数次。

! 注意事项

- 轻轻握拳，敲击力度要轻，避免产生疼痛感；
- 按摩结束后，在颈部系一块毛巾，让颈部肌肉保温几分钟。

32 晨间坐式小练习：缓解久坐带来的肌肉酸痛

练习一

练习二

练习三

练习四

练习五

练习六

练习七

练习一

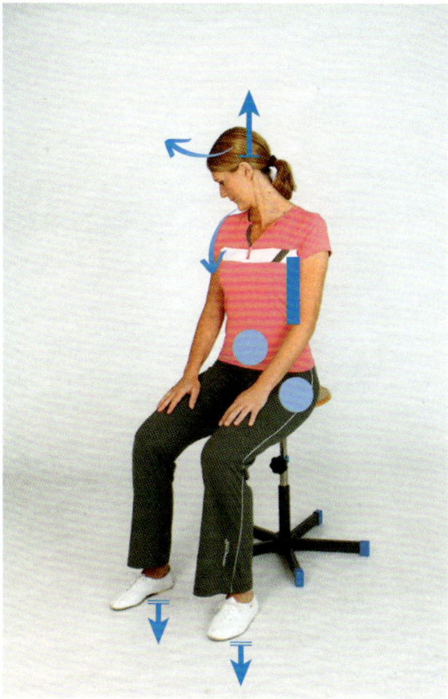

起始姿势

- 坐在椅子的前 1/3 处；
- 双脚分开，与髋同宽；
- 双手自然平放于大腿上。

动作要领

- 双脚撑地；
- 收紧臀肌；
- 腹部回缩；
- 肩部微微向后伸展；
- 挺直背部；
- 头部尽可能向上伸展；
- 下巴微微朝胸部方向内收；
- 头部缓缓向右转动；
- 下巴朝肩膀方向下压数次；
- 头转回原位；
- 全身放松。

重复次数

- 向身体两侧交替练习 2 次。

! 注意事项

- 保持背部挺直；
- 保持呼吸。

练习二

起始姿势

- 坐在椅子的前 1/3 处；
- 双脚分开，与髋同宽；
- 双臂于体侧自然下垂。

动作要领

- 双脚撑地；
- 收紧臀肌，腹部回缩，挺直背部；
- 伸直头部；
- 右手越过头顶覆于左耳；
- 头部微微向右转，轻轻向右倾斜；
- 左臂缓缓向下拉伸；
- 保持这个姿势片刻；
- 头部转回正中位置；
- 放下双臂，全身放松。

重复次数

- 左右两侧交替练习 2 次。

! 注意事项

- 保持背部挺直；
- 只转动和倾斜头部；
- 保持呼吸。

练习三

起始姿势

- 坐在椅子的前 1/3 处；
- 双脚分开，与髋同宽；
- 双臂于体侧自然下垂。

动作要领

- 双脚撑地；
- 收紧臀肌；
- 腹部回缩；
- 挺直背部；
- 肩部微微向后伸展；
- 头部尽可能向上伸展；
- 下巴微微朝胸部方向内收；
- 双手自然平放于大腿上；
- 双手紧紧按压大腿；
- 保持这个姿势片刻；
- 全身放松。

重复次数

- 3 次。

! 注意事项

- 保持背部挺直；
- 保持呼吸。

练习四

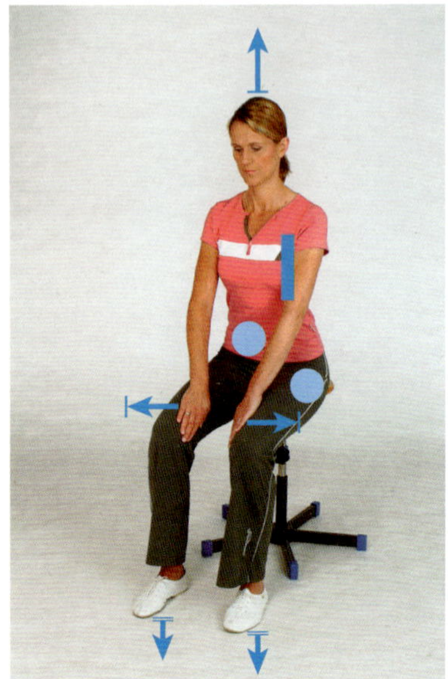

起始姿势

- 坐在椅子的前 1/3 处；
- 双脚分开，与髋同宽；
- 双臂于体侧自然下垂。

动作要领

- 双脚撑地；
- 收紧臀肌，腹部回缩；
- 挺直背部；
- 肩部微微向后伸展；
- 头部尽可能向上伸展；
- 下巴微微朝胸部方向内收；
- 双手置于双膝内侧；
- 双手紧紧按压膝内侧；
- 双腿给双手一个反作用力；
- 保持这个姿势片刻；
- 全身放松。

重复次数

- 3 次。

! 注意事项

- 保持背部挺直；
- 保持呼吸。

练习五

起始姿势

- 坐在椅子的前 1/3 处；
- 双脚分开，与髋同宽；
- 双臂于体侧自然下垂。

动作要领

- 双脚撑地；
- 收紧臀肌；
- 腹部回缩；
- 挺直背部；
- 头部尽可能向上伸展；
- 下巴微微朝胸部方向内收；
- 双臂抬至齐肩高度；
- 屈肘；
- 肩胛骨向脊柱方向靠拢；
- 保持这个姿势片刻；
- 全身放松。

重复次数

- 5 次。

! 注意事项

- 保持背部挺直，收紧腹肌；
- 保持呼吸。

练习六

起始姿势

- 坐在椅子的前 1/3 处；
- 双脚分开，与髋同宽；
- 双臂于体侧自然下垂。

动作要领

- 双脚撑地；
- 收紧臀肌，腹部回缩，挺直背部；
- 肩部微微向后伸展；
- 头部尽可能向上伸展；
- 下巴微微朝胸部方向内收；
- 双臂向前伸展；
- 双手十指分开；
- 手指逐一与大拇指互相捏紧；
- 放下双臂，全身放松。

重复次数

- 3 次。

! 注意事项

- 保持背部挺直；
- 保持呼吸。

练习七

起始姿势

- 坐在椅子的前 1/3 处；
- 双脚分开，与髋同宽；
- 双臂于体侧自然下垂。

动作要领

- 坐直；
- 目视前方；
- 右手握住左手手腕；
- 吸气，双臂上举，越过头顶；
- 松开双手；
- 呼气，双臂放回体侧；
- 双手交换位置，重复上述动作。

重复次数

- 双手交替练习 4 次。

! 注意事项

- 跟随呼吸的节奏慢慢移动双臂；
- 通过鼻子呼吸。

33 午后坐式小练习：缓解久坐带来的肌肉酸痛

练习一

练习二

练习三

练习四

练习五

练习六

练习七

练习一

起始姿势

- 坐在椅子的前 1/3 处；
- 双脚分开，与髋同宽；
- 双臂于体侧自然下垂。

动作要领

- 双脚撑地；
- 收紧臀肌；
- 腹部回缩；
- 挺直背部；
- 伸直头部；
- 向前缓缓低头；
- 双手抱头；
- 头部轻轻压向掌心，慢慢抬起；
- 双手给头一个反作用力；
- 放下双臂；
- 全身放松。

重复次数

- 3 次。

! 注意事项

- 施力的是头，而不是手；
- 保持呼吸。

练习二

起始姿势

- 坐在椅子的前 1/3 处；
- 双脚分开，与髋同宽；
- 双臂于体侧自然下垂。

动作要领

- 双脚撑地；
- 收紧臀肌，腹部回缩，挺直背部；
- 头部尽可能向上伸展；
- 下巴微微朝胸部方向内收；
- 右肩向前拉伸；
- 左肩向后拉伸；
- 头部缓缓向右转；
- 目光越过右肩，向后望向地面；
- 保持这个姿势片刻；
- 头部和肩部还原；
- 全身放松。

重复次数

- 向身体两侧交替练习 2 次。

! 注意事项

- 头部转动时动作要慢；
- 保持呼吸。

练习三

起始姿势

- 坐在椅子的前 1/3 处；
- 双脚分开，与髋同宽；
- 双臂于体侧自然下垂。

动作要领

- 双脚撑地；
- 收紧臀肌；
- 腹部回缩；
- 头部尽可能向上伸展；
- 下巴微微朝胸部方向内收；
- 双臂侧平举，与肩平齐；
- 屈肘；
- 十指紧扣；
- 双臂分别向身体两侧拉伸；
- 肩胛骨向脊柱方向靠拢；
- 保持这个姿势片刻；
- 松开双手；
- 放下双臂；
- 全身放松。

重复次数

- 3 次。

! 注意事项

- 不要耸肩；
- 收紧腹肌；
- 保持呼吸。

练习四

起始姿势

- 坐在椅子的前 1/3 处；
- 双脚分开，与髋同宽；
- 双臂于体侧自然下垂。

动作要领

- 双脚撑地；
- 收紧臀肌；
- 腹部回缩；
- 挺直背部；
- 头部尽可能向上伸展；
- 下巴微微朝胸部方向内收；
- 双手合十，抬至齐胸高度；
- 双手紧紧对压；
- 肩胛骨向脊柱方向靠拢；
- 保持这个姿势片刻；
- 松开双手；
- 放下双臂；
- 全身放松。

重复次数

- 3 次。

! 注意事项

- 不要耸肩；
- 收紧腹肌；
- 保持呼吸。

练习五

起始姿势

- 坐在椅子的前 1/3 处；
- 双脚分开，与髋同宽；
- 双手自然平放于大腿上。

动作要领

- 坐直，目视前方；
- 右臂上举，越过头顶；
- 上身微微向左倾斜；
- 右脚背勾起；
- 右臀压向椅面；
- 右脚跟撑地；
- 保持这个姿势片刻；
- 放下双臂；
- 上身还原；
- 放下右脚尖；
- 全身放松。

重复次数

- 左右两侧交替练习 2 次。

! 注意事项

- 保持呼吸。

练习六

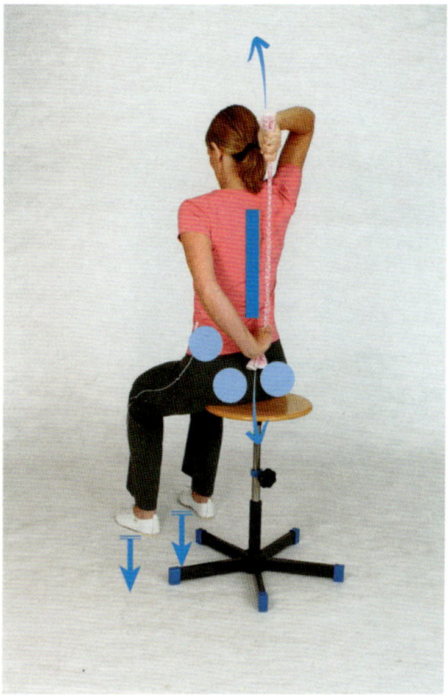

起始姿势

- 坐在椅子的前 1/3 处；
- 双脚分开，与髋同宽；
- 双臂于体侧自然下垂。

动作要领

- 双脚撑地；
- 收紧臀肌，腹部回缩，挺直背部；
- 伸直头部；
- 将一把直尺或一条围巾置于背后，双手分别从上方和下方抓住直尺或围巾的上下两端；
- 双手分别向上、向下拉紧直尺或围巾；
- 保持这个姿势片刻；
- 全身放松。

重复次数

- 3 次。

! 注意事项

- 保持背部挺直，上身不要前屈；
- 收紧腹肌；
- 保持呼吸。

练习七

起始姿势

- 坐在椅子的前 1/3 处；
- 双脚分开，与髋同宽；
- 双臂于体侧自然下垂。

动作要领

- 坐直；
- 挺直背部；
- 伸直头部；
- 双手搭在肩膀上；
- 右肘抬至齐肩高度并向后拉伸；
- 上身和头一起向后转；
- 深吸一口气；
- 呼气，肘部和上身再微微向后转；
- 吸气，转回正中位置；
- 呼气，双肘放低，靠近身体两侧；
- 左肘重复上述动作。

重复次数

- 左右两侧交替练习 2 次。

! 注意事项

- 身体不要左右摇晃；
- 双肘抬至齐肩高度。

34 呼吸练习

目标

以下练习旨在强化核心肌肉和辅助呼吸肌，以及增强呼吸系统功能。这些练习的目的是让你感知自己的呼吸频率，从而使你在肌肉锻炼和拉伸练习中能够保持呼吸。这些练习有很多好处，可以通过缓慢的深呼吸让训练效果翻倍。将呼吸练习融入整个训练中，有助于你形成良好的体态。呼吸练习还可以使你学会腹式呼吸，促进胃肠蠕动。

在以下的练习中，气球将起到为身体提供外界阻力的作用，它能让你明显感知到肌肉压力，加快增肌的速度。此外，在预防骨质疏松的轻度力量训练中，气球也能够提供最佳的外界阻力。

练习小贴士

- 一套练习动作中只做 5 次深呼吸练习；
- 为了避免过度换气（过深过快的呼吸引起眩晕），可以在下一组练习开始前保持正常呼吸；
- 在练习时，不要加快呼吸频率，呼吸时要轻缓而有深度；
- 呼气维持的时间应为吸气的两倍；
- 可以通过嘴唇微张和发声的方式呼气，例如，大声发“F”音；
- 如果感到眩晕，请立即停止练习，靠在椅子上进行正常呼吸，直到眩晕感消失；
- 在空气清新的地方练习，最好把窗户打开，或者选择通风良好的环境；
- 不要用嘴给气球充气，否则阻力过大容易造成过度换气，最好使用专门的气泵来给气球打气；
- 气球不要过度充气，用手按压时，如果气球表面有一定程度的凹陷，即可停止充气。

练习一

起始姿势

- 坐在椅子的前 1/3 处;
- 双脚分开，与髋同宽;
- 双手抱住气球。

动作要领

- 坐直;
- 不要耸肩;
- 将气球举至齐胸高度;
- 呼气
  - 双手同时挤压气球;
  - 双脚撑地;
  - 收紧臀肌;
  - 腹部回缩;
  - 挺直背部，伸直头部;
- 吸气
  - 全身放松;
- 恢复正常呼吸。

重复次数

- 3 次。

! 注意事项

- 通过鼻子呼吸;
- 或者通过鼻子吸气，然后嘴唇微张，大口呼气;
- 呼气时的肺活量应达到吸气时的两倍。

练习二

起始姿势

- 坐在椅子的前 1/3 处；
- 双脚分开，与髋同宽；
- 双手抱住气球。

动作要领

- 坐直；
- 不要耸肩；
- 将气球举至齐胸高度，向身体左侧推；
- 呼气
  - 双手同时挤压气球（或者一只手从上往下、另一只手从下往上按压气球）；
  - 双脚撑地；
  - 收紧臀肌；
  - 腹部回缩；
  - 挺直背部，伸直头部；
- 吸气
  - 全身放松；
- 恢复正常呼吸。

重复次数

- 向身体两侧交替练习 2 次。

! 注意事项

- 通过鼻子呼吸；
- 或者通过鼻子吸气，然后嘴唇微张，大口呼气；
- 呼气时的肺活量应达到吸气时的两倍。

练习三

起始姿势

- 坐在椅子的前 1/3 处；
- 双脚分开，与髋同宽；
- 双手抱住气球。

动作要领

- 坐直；
- 不要耸肩；
- 将气球举过头顶；
- 呼气
  - 双手同时挤压气球；
  - 双脚撑地；
  - 收紧臀肌；
  - 腹部回缩；
  - 挺直背部，伸直头部；
- 吸气
  - 全身放松；
- 恢复正常呼吸。

重复次数

- 3 次。

! 注意事项

- 通过鼻子呼吸；
- 或者通过鼻子吸气，然后嘴唇微张，大口呼气；
- 呼气时的肺活量应达到吸气时的两倍。

练习四（热身运动）

> **注意**
>
> 不要进行呼吸练习，保持正常呼吸即可，否则容易因呼吸过深过快而导致过度换气，引起眩晕。

起始姿势

- 坐在椅子上。

动作要领

- 双手置于背后，左右传递气球；再将双手置于头后，左右传递气球。

重复次数

- 数次。

练习五

起始姿势

- 坐在椅子的前 1/3 处；
- 双脚分开，与髋同宽；
- 双手抱住气球。

动作要领

- 坐直；
- 不要耸肩；
- 将气球举至齐胸高度；
- 呼气
  - 双手同时挤压气球，将气球向前推；
  - 双脚撑地；
  - 收紧臀肌；
  - 腹部回缩；
  - 挺直背部，伸直头部；
- 吸气
  - 全身放松；
- 恢复正常呼吸。

重复次数

- 3 次。

! 注意事项

- 通过鼻子呼吸；
- 或者通过鼻子吸气，然后嘴唇微张，大口呼气；
- 呼气时的肺活量应达到吸气时的两倍。

练习六

起始姿势

- 坐在椅子的前 1/3 处；
- 双脚分开，与髋同宽；
- 双手抱住气球。

动作要领

- 坐直；
- 不要耸肩；
- 将气球举至齐胸高度；
- 呼气
  - 双手同时挤压气球，将气球向右前方推；
  - 或者将右手放在气球上方，旋转气球；
  - 双脚撑地；
  - 收紧臀肌；
  - 腹部回缩；
  - 挺直背部，伸直头部；
- 吸气
  - 全身放松；
- 恢复正常呼吸。

重复次数

- 向身体两侧交替练习 2 次。

! 注意事项

- 通过鼻子呼吸；
- 或者通过鼻子吸气，然后嘴唇微张，大口呼气；
- 呼气时的肺活量应达到吸气时的两倍。

练习七

起始姿势

- 坐在椅子的前 1/3 处；
- 双脚分开，与髋同宽；
- 双手抱住气球。

动作要领

- 坐直；
- 不要耸肩；
- 将气球举过头顶，向身体左侧拉伸；
- 呼气
  - 左脚撑地；
  - 双手同时挤压气球；
  - 收紧臀肌；
  - 腹部回缩；
  - 挺直背部，伸直头部；
- 吸气
  - 全身放松；
- 恢复正常呼吸。

重复次数

- 向身体两侧交替练习 2 次。

! 注意事项

- 通过鼻子呼吸；
- 或者通过鼻子吸气，然后嘴唇微张，大口呼气；
- 呼气时的肺活量应达到吸气时的两倍。

练习八（热身运动）

注意

不要进行呼吸练习，保持正常呼吸即可，否则容易因呼吸过深过快而导致过度换气，引起眩晕。

起始姿势

- 坐在椅子上。

动作要领

- 一条腿弯曲；
- 将气球放在腿下，左右手互相传递；
- 换另一条腿重复上述动作。

重复次数

- 双腿交替练习数次。

练习九

起始姿势

- 坐在椅子的前 1/3 处；
- 双脚分开，与髋同宽；
- 双手抱住气球。

动作要领

- 坐直；
- 将气球举至齐胸高度；
- 呼气
  - 双手同时挤压气球；
  - 双臂前伸；
  - 上身前屈；
  - 头低至双臂之间；
- 吸气
  - 缓缓抬起上身；
- 恢复正常呼吸。

重复次数

- 3 次。

! 注意事项

- 通过鼻子呼吸；
- 或者通过鼻子吸气，然后嘴唇微张，大口呼气；
- 呼气时的肺活量应达到吸气时的两倍。

练习十

起始姿势

- 坐在椅子的前 1/3 处；
- 双脚分开，与髋同宽；
- 双手抱住气球。

动作要领

- 坐直；
- 将气球举至齐胸高度；
- 呼气
  - 双手同时挤压气球；
  - 双臂向身体右前方拉伸；
  - 上身前屈；
  - 头低至双臂之间；
- 吸气
  - 缓缓抬起上身；
- 恢复正常呼吸。

重复次数

- 向身体两侧交替练习 2 次。

! 注意事项

- 通过鼻子呼吸；
- 或者通过鼻子吸气，然后嘴唇微张，大口呼气；
- 呼气时的肺活量应达到吸气时的两倍。

练习十一

起始姿势

- 坐在椅子的前 1/3 处；
- 双脚分开，与髋同宽；
- 双手抱住气球。

动作要领

- 坐直；
- 将气球举至齐胸高度；
- 呼气
  - 双手同时挤压气球，将气球举过头顶；
- 吸气
  - 全身放松，双臂随上身向左侧倾斜；
- 呼气
  - 身体回到正中位置，双手挤压气球；
- 吸气
  - 全身放松，双臂随上身向右侧倾斜；
- 呼气
  - 身体回到正中位置，双手挤压气球；
- 吸气
  - 全身放松，将气球尽可能向上举；
- 呼气
  - 放下气球；
- 恢复正常呼吸。

重复次数

- 3 次。

! 注意事项

- 通过鼻子呼吸；
- 或者通过鼻子吸气，然后嘴唇微张，大口呼气；
- 呼气时的肺活量应达到吸气时的两倍。

练习十二（热身运动）

注意

不要进行呼吸练习，保持正常呼吸即可，否则容易因呼吸过深过快而导致过度换气，引起眩晕。

起始姿势

- 坐在椅子上。

动作要领

- 上身前屈；
- 将气球置于双腿下方，左右手互相传递；
- 缓缓抬起上身；
- 将气球置于头顶上方，左右手互相传递。

重复次数

- 数次。

练习十三

起始姿势

- 坐在椅子的前 1/3 处；
- 双脚分开，与髋同宽；
- 双手抱住气球。

动作要领

- 坐直；
- 将气球举至齐胸高度；
- 吸气
  - 双手将气球举过头顶；
- 呼气
  - 一条腿弯曲，放低气球，将气球压向膝盖；
- 恢复正常呼吸。

重复次数

- 左右两侧交替练习 2 次。

! 注意事项

- 通过鼻子呼吸；
- 或者通过鼻子吸气，然后嘴唇微张，大口呼气；
- 呼气时的肺活量应达到吸气时的两倍。

练习十四

起始姿势

- 坐在椅子的前 1/3 处；
- 双脚分开，与髋同宽；
- 右手握住气球；
- 左手放在椅面上。

动作要领

- 坐直；
- 呼气
  - 右手将气球举过头顶；
  - 左手按压椅面；
  - 双脚撑地；
  - 收紧臀肌；
  - 腹部回缩；
  - 挺直背部，伸直头部；
- 吸气
  - 全身放松，放下手臂；
- 恢复正常呼吸。

重复次数

- 左右两侧交替练习 2 次。

! 注意事项

- 通过鼻子呼吸；
- 或者通过鼻子吸气，然后嘴唇微张，大口呼气；
- 呼气时的肺活量应达到吸气时的两倍。

练习十五

起始姿势

- 坐在椅子的前 1/3 处；
- 双脚分开，与髋同宽；
- 双手抱住气球。

动作要领

- 坐直；
- 将气球举至齐胸高度；
- 呼气
  - 双手同时挤压气球，将气球举过头顶；
- 吸气
  - 全身放松，将气球置于枕部；
- 呼气
  - 头按压气球；
  - 肘部向后拉伸；
- 吸气
  - 全身放松，将气球再次举过头顶；
- 呼气
  - 放下双臂；
- 恢复正常呼吸。

重复次数

- 3 次。

! 注意事项

- 通过鼻子呼吸；
- 或者通过鼻子吸气，然后嘴唇微张，大口呼气；
- 呼气时的肺活量应达到吸气时的两倍。

练习十六（热身运动）

注意

不要进行呼吸练习，保持正常呼吸即可，否则容易因呼吸过深过快而导致过度换气，引起眩晕。

起始姿势

- 坐好或站好。

动作要领

- 手背和掌心交替弹起气球。

重复次数

- 双手重复练习数次。

练习十七

起始姿势

- 坐在椅子的前 1/3 处；
- 将气球夹在双膝之间；
- 双臂于体侧自然下垂。

动作要领

- 坐直；
- 双臂抬至齐肩高度；
- 伸腕，掌心向外；
- 呼气
  - 双膝挤压气球；
  - 双手向身体两侧伸展；
  - 双脚撑地；
  - 收紧臀肌；
  - 腹部回缩；
  - 挺直背部，伸直头部；
- 吸气
  - 全身放松；
- 恢复正常呼吸。

重复次数

- 3 次。

! 注意事项

- 通过鼻子呼吸；
- 或者通过鼻子吸气，然后嘴唇微张，大口呼气；
- 呼气时的肺活量应达到吸气时的两倍。

练习十八

起始姿势

- 坐在椅子的前 1/3 处；
- 双脚分开，与髋同宽；
- 双手在背后抱住气球。

动作要领

- 坐直；
- 呼气
  - 双脚撑地；
  - 收紧臀肌；
  - 腹部回缩；
  - 挺直背部，伸直头部；
  - 双手同时挤压气球；
- 吸气
  - 全身放松；
- 恢复正常呼吸。

重复次数

- 3 次。

! 注意事项

- 通过鼻子呼吸；
- 或者通过鼻子吸气，然后嘴唇微张，大口呼气；
- 呼气时的肺活量应达到吸气时的两倍。

练习十九

起始姿势

- 坐在椅子的前 1/3 处；
- 双脚分开，与髋同宽；
- 双手在背后抱住气球。

动作要领

- 坐直；
- 呼气
  - 双脚撑地；
  - 收紧臀肌；
  - 腹部回缩；
  - 挺直背部，伸直头部；
  - 双手将气球向后推；
- 吸气
  - 全身放松；
- 恢复正常呼吸。

重复次数

- 3 次。

! 注意事项

- 通过鼻子呼吸；
- 或者通过鼻子吸气，然后嘴唇微张，大口呼气；
- 呼气时的肺活量应达到吸气时的两倍。

练习二十

起始姿势

- 坐在椅子的前 1/3 处；
- 双脚分开，与髋同宽；
- 双手在背后抱住气球。

动作要领

- 坐直；
- 呼气
  - 双脚撑地；
  - 收紧臀肌；
  - 腹部回缩；
  - 挺直背部，伸直头部；
  - 双手将气球向上推；
- 吸气
  - 全身放松；
- 恢复正常呼吸。

重复次数

- 3 次。

! 注意事项

- 通过鼻子呼吸；
- 或者通过鼻子吸气，然后嘴唇微张，大口呼气；
- 呼气时的肺活量应达到吸气时的两倍。

练习二十一

起始姿势

- 坐在椅子的前 1/3 处；
- 将气球夹在双膝之间；
- 双臂于体侧自然下垂。

动作要领

- 坐直；
- 呼气
  - 双膝挤压气球；
  - 双臂外旋，拇指向后；
  - 双脚撑地；
  - 收紧臀肌；
  - 腹部回缩；
  - 挺直背部，伸直头部；
- 吸气
  - 全身放松；
- 恢复正常呼吸。

重复次数

- 3 次。

! 注意事项

- 通过鼻子呼吸；
- 或者通过鼻子吸气，然后嘴唇微张，大口呼气；
- 呼气时的肺活量应达到吸气时的两倍。

练习二十二

注意

不要进行呼吸练习，保持正常呼吸即可，否则容易因呼吸过深过快而导致过度换气，引起眩晕。

起始姿势

- 坐好或站好。

动作要领

- 指尖轻抓气球；
- 双手置于身前摆出“U”形姿势，从右上方向下移动气球，再从左下方向上移动气球，最后回到原位。

重复次数

- 数次。

! 注意事项

- 如果站立练习，向下移动气球时双膝微屈。

35 下颌肌和咀嚼肌的放松练习

焦虑和压力的影响

关于缓解焦虑和压力的建议，许多人经常听到："咬咬牙，坚持住，你可以做到的！"虽然短期内这种方法或许管用，但是，当焦虑和压力积聚到一定程度时，该如何释放呢？

我们总让自己背负很多责任，给自己设定很多目标和任务。这些压力也会给我们的身体带来影响，使肌肉因应激过度而出现收缩和痉挛。长期收缩和痉挛的肌肉会渐渐失去弹性，很难再伸展，即使是放松后肌肉仍处于短缩的状态。

压力过大也会影响我们的夜间睡眠：不断积聚的肌肉压力会挤压下颌，造成上下牙相互摩擦（即所谓的磨牙症）。牙医认为夜间磨牙是压力过大的一种体现，会建议你使用咬合板，以保护牙齿。

但是，应该先消除压力，可以在日常生活中安排一些解压的活动。找到并学会一个适合自己的解压方法对消除压力非常有益。但是，有时短暂的放空就能达到一定的效果。比如，闭上眼睛，让自己沉浸在一个想象的世界中，有太阳、沙滩和大海，你仿佛能感受到温暖的阳光照射在身上，沙子在指尖流淌。

放松面部肌肉

有针对性地放松面部肌肉，尤其是下颌部肌肉能够在一定程度上帮助你缓解压力。下面是一些能够帮助你放松肌肉的小练习。

练习建议

- 采用坐姿进行练习；
- 每个姿势维持一段时间后，都要放松肌肉；
- 每个练习重复 3 ~ 5 次。

练习一

紧闭双唇，试着将嘴角向两边拉开。

练习二

将嘴角向上拉，就像微笑一样。

练习三

噘起嘴巴呈口哨状，再慢慢还原。

练习四

嘴唇闭合，舌头抵住上腭。

练习五

下颌骨向前推。

练习六

下颌骨向右、向左移动。

练习七

用手向下推下颌骨。

练习八

嘴尽可能张大，像打哈欠一样。

练习九

- 下颌放松；
- 想象下巴上挂着一个重物，慢慢地把下巴向上提。

练习十

- 咬紧上下牙；
- 面部肌肉放松，下颌骨压低，嘴唇微微张开。

练习十一

- 鼓起脸颊；
- 将口中的空气从一侧脸颊推向另一侧脸颊。

36 针对特定部位疼痛的练习

很多与体力劳动相关的职业，比如手工业、零售业或送货服务等，以及需要长期坐在办公室里的工作都有可能对我们的身体造成一定程度的影响。长期保持一种姿势或采用错误的姿势会导致颈部血液循环受阻，进而造成颈肌和三角肌紧张，活动时伴有关节疼痛。

当你抬起和搬运重物时，当你始终保持一个姿势在流水线上工作时，当你盯着电脑屏幕久坐不动时，当你制作手工艺品或从事其他强度较大的业余爱好时，肌肉都会因为负荷过重而紧张。这会导致肌肉疲劳，进而出现肌肉疼痛和痉挛，即所谓的肌肉硬结，在体表能明显摸到硬块。错误的姿势不仅会拉伤肌肉，而且会损伤韧带、肌腱和骨骼。

除了负荷过重外，压力、抑郁和心理负担也会引起肌肉紧张。颈部肌肉紧张也可能引起头痛。很多不良的生活习惯也会引起肩颈区和手臂肌肉紧张，如夜间躺在床上看书等。

我总结了一些可以减轻特定部位疼痛的练习，这些特定部位的疼痛常常与一些（但不仅限于）特定的职业相关，比如：

- 泥瓦工、粉刷工、金属加工工人、筑路工人（多为操作振动机的人）、贴砖工人（他们常常需要跪在地上工作）和修建屋顶的工人、流水线作业工人、音乐家，以及长期从事销售的人（长时间站立引起脚、腿和背部疼痛）；
- 久坐不动的工作，如办公室职员、公交车或货车司机。

如果你也有下文中提到的疼痛症状，可以尝试通过相应的练习来缓解。你可以先试练几天至一周，看看效果，如果确有好转，可以坚持做下去。

缓解整个背部，尤其是下背部的疼痛

效果：强化腹肌，拉伸伸展和支撑脊柱的肌肉，缓解椎间盘压力。

起始姿势

- 仰卧；
- 双腿弯曲；
- 双脚着地；
- 双手平放在下背部下方。

动作要领

- 收紧腹肌；
- 下背部向下压双手；
- 双手感知腰椎的位置；
- 保持这个姿势，从 1 数到 10；
- 全身放松，从 1 数到 5。

重复次数

- 根据个人的身体状况，练习 3 ~ 5 次。

! 注意事项

- 保持呼吸。

效果：强化腹部、腿部、臀部和盆底肌肉。

起始姿势

- 仰卧；
- 双腿弯曲；
- 双脚着地；
- 双臂伸直，在身体两侧微微外展；
- 掌心贴地。

动作要领

- 收紧腹肌；
- 下背部向地面下压；
- 收紧臀肌；
- 骨盆上抬；
- 双膝并拢，相互挤压；
- 保持这个姿势片刻；
- 缓缓恢复起始姿势；
- 全身放松。

重复次数

- 根据个人的身体状况，练习 3 ~ 5 次。

! 注意事项

- 练习时不要挺腰；
- 保持呼吸。

缓解下背部疼痛

效果：拉伸背肌，尤其是下背部肌肉。

起始姿势

- 仰卧；
- 双腿弯曲；
- 双脚着地；
- 双臂伸直，在身体两侧微微外展。

动作要领

拉伸练习

- 双腿朝腹部方向弯曲；
- 双手抱膝；
- 呼气时双手将双膝朝胸部方向拉；
- 保持这个姿势片刻；
- 保持呼吸；
- 全身放松；
- 松开双手；
- 腹部发力，使双腿相继回到原位。

重复次数

- 根据个人的身体状况，练习 3 ~ 5 次。

! 注意事项

- 如果膝盖有疼痛感，可以把双手放于腘窝处。

效果：阶梯姿势舒缓下背部。

起始姿势

- 仰卧；
- 小腿放在沙发椅或凳子上；
- 双臂伸直，在身体两侧微微外展。

动作要领

- 收紧腹肌；
- 呼气，下背部向地面下压；
- 吸气，全身放松。

重复次数

- 视个人身体状况而定。

! 注意事项

- 练习时力度要轻，不要用力过猛。

缓解由下背部放射至臀部和腿部的疼痛

效果：强化腹部和腿部肌肉，拉伸臀部肌肉，以及伸展和支撑脊柱的肌肉。

起始姿势

- 仰卧；
- 双腿微微弯曲；
- 双脚着地；
- 双臂伸直，在身体两侧微微外展；
- 掌心贴地。

动作要领

拉伸练习

- 双腿朝腹部方向弯曲；
- 双臂撑地；
- 臀部微微上翻，不要用力；
- 头部抬起，靠向膝盖；
- 臀部和双腿慢慢回到原位；
- 头部回到原位；
- 全身放松。

重复次数

- 根据个人的身体状况，练习 3 ~ 5 次。

! 注意事项

- 保持呼吸；
- 双臂支撑身体时，不要用力过猛。

缓解整个背部、肩部和手臂的疼痛

效果：拉伸手臂、肩部、胸部、腹部和背部肌肉。

起始姿势

- 仰卧；
- 双腿弯曲；
- 双脚着地；
- 双臂伸直，举过头顶并紧贴地面。

动作要领

拉伸练习

- 吸气，一只手臂向上拉伸；
- 呼气，拉伸的手臂回到原位。

重复次数

- 根据个人的身体状况，练习 3 ~ 5 次。

! 注意事项

- 拉伸时注意用力适中，避免拉伤肌肉。

缓解肩部、颈后部、手臂、上背部和腿部肌肉的疼痛

效果：拉伸腿部、肩部和手臂肌肉，强化颈部肌肉。

起始姿势

- 俯卧；
- 将靠垫置于腹部下方；
- 双腿伸直；
- 脚趾弯曲，脚尖触地；
- 双臂举过头顶，紧贴地面向前伸直。

动作要领

- 脚跟向后蹬；
- 膝盖抬离地面；
- 双腿伸直；
- 双臂紧贴地面，并尽可能向前伸展；
- 头部稍稍抬起，使鼻子不要触地；
- 目视地面；
- 吸气时拉伸；
- 呼气时放松。

重复次数

- 根据个人的身体状况，练习 3 ~ 5 次。

! 注意事项

- 拉伸时注意用力适中，避免拉伤肌肉。

效果：强化腿部、臀部、背部、肩部和颈部肌肉。

起始姿势

- 俯卧；
- 将靠垫置于腹部下方；
- 双腿伸直；
- 脚背贴地；
- 双臂呈“U”形，即双臂外展，与肩平齐，肘部弯曲成直角。

动作要领

- 双脚并拢；
- 双腿绷紧；
- 收紧臀肌；
- 腹部回缩；
- 双臂呈“U”形抬离地面；
- 头部稍稍抬起，使鼻子不要触地；
- 目视地面；
- 保持这个姿势片刻；
- 全身慢慢放松。

重复次数

- 根据个人的身体状况，练习 3 ~ 5 次。

! 注意事项

- 双臂抬至齐肩高度；
- 目视地面；
- 保持呼吸。

缓解姿势错误造成的背部疼痛

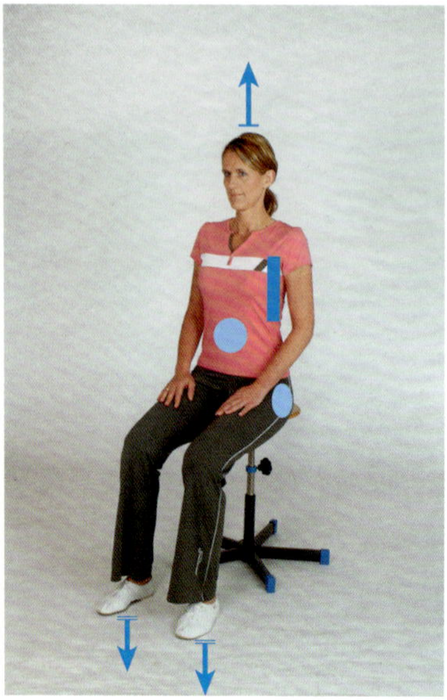

效果：强化臀部、腹部、背部肌肉和肩胛带肌群，拉伸颈部肌肉。

起始姿势

- 坐在椅子的前 1/3 处；
- 双脚分开，与髋同宽；
- 双手自然平放于大腿上。

动作要领

- 双脚撑地；
- 收紧臀肌；
- 腹部回缩；
- 肩部微微向后伸展；
- 挺直背部；
- 头部尽可能向上伸展；
- 下巴微微朝胸部方向内收；
- 保持这个姿势片刻；
- 全身放松。

重复次数

- 根据个人的身体状况，练习 3～5 次。

! 注意事项

- 保持呼吸。

缓解身体的僵硬感

效果：激活上身和脊柱。

起始姿势

- 坐在椅子的前 1/3 处；
- 双脚分开，与髋同宽；
- 双臂于体侧自然下垂。

动作要领

- 双臂举过头顶，向上拉伸；
- 挺直背部；
- 腹部回缩；
- 上身向右画圈 3 次；
- 上身向左画圈 3 次；
- 上身回到正中位置；
- 放下双臂；
- 全身放松。

重复次数

- 根据个人的身体状况，练习 3～5 次。

! 注意事项

- 双臂尽可能向上拉伸；
- 做画圈练习时，上身保持挺直；
- 保持呼吸。

缓解身体的僵硬感和整个背部的疼痛

效果：结合呼吸练习来激活脊柱。

起始姿势

- 四肢着地呈跪姿，用双膝和双手支撑身体；双手置于肩关节下方，双膝置于髋关节下方；
- 头部伸直；
- 目视地面。

动作要领

- 收紧腹肌；
- 腹部回缩；
- 微微弓起背部；
- 放松腹肌；
- 轻轻使背部下凹；
- 背部下凹时吸气；
- 背部弓起时呼气。

重复次数

- 根据个人的身体状况，练习 3 ~ 5 次。

! 注意事项

- 练习时，动作要轻柔流畅；
- 运动时注意呼吸的节奏。

缓解身体的僵硬感，以及胸椎和腰椎的疼痛

效果：拉伸背部肌肉，激活脊柱。

起始姿势

- 站在椅子后方；
- 双脚分开，与髋同宽；
- 双手抓紧椅背。

动作要领

- 双脚尽可能往后退，直至双臂完全伸直；
- 头部和上身向下压，臀部向后推，目视地面，拉伸背部肌肉；
- 接着，弓起背部，小步朝椅子方向靠近；
- 稍抬起上身，拉伸背部，双臂尽可能伸直；
- 保持这个姿势片刻；
- 全身放松；
- 全身放松时，可以原地踏步、晃动双臂和双腿，保持正常呼吸。

重复次数

- 根据个人的身体状况，练习 3 ~ 5 次。

! 注意事项

- 拉伸时注意用力适中，避免拉伤肌肉；
- 保持呼吸。

缓解肩关节疼痛

效果：强化臀部、腹部、肩胛带和背部肌肉，激活肩关节、胸锁关节和肩锁关节。

起始姿势

- 坐在椅子的前 1/3 处；
- 双脚分开，与髋同宽；
- 双臂于体侧自然下垂。

动作要领

- 双脚撑地；
- 收紧臀肌；
- 腹部回缩，挺直背部；
- 头部尽可能向上伸展；
- 下巴微微朝胸部方向内收；
- 指尖搭在肩膀上；
- 双肩向前、向后画圈；
- 放下双臂，全身放松。

重复次数

- 分别向前、向后画圈练习数次。

！注意事项

- 画圈时动作要慢；
- 保持呼吸。

缓解全身肌肉紧张

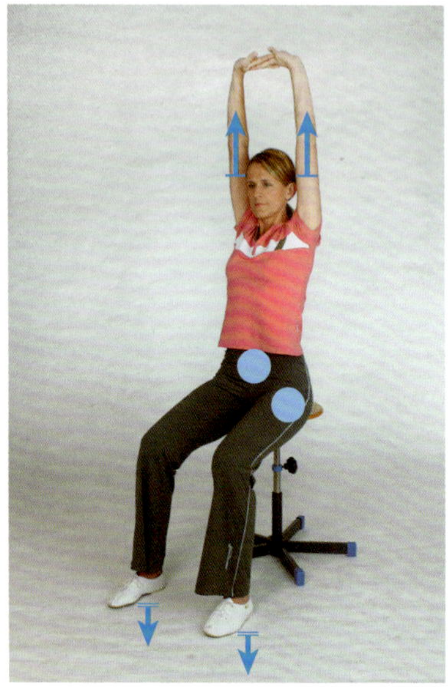

效果：强化臀部和腹部肌肉，拉伸肩部、手臂和背部肌肉。

起始姿势

- 坐在椅子的前 1/3 处；
- 双脚分开，与髋同宽；
- 双臂于体侧自然下垂。

动作要领

- 双脚撑地；
- 收紧臀肌，腹部回缩；
- 双手交叉，双臂举过头顶；
- 掌心朝天花板；
- 手臂尽可能向上拉伸；
- 保持这个姿势片刻；
- 松开双手，双臂放回体侧；
- 全身放松。

重复次数

- 根据个人的身体状况，练习 3 ~ 5 次。

！注意事项

- 拉伸时注意用力适中，避免拉伤肌肉；
- 保持呼吸。

改善全身无力，矫正不良姿势

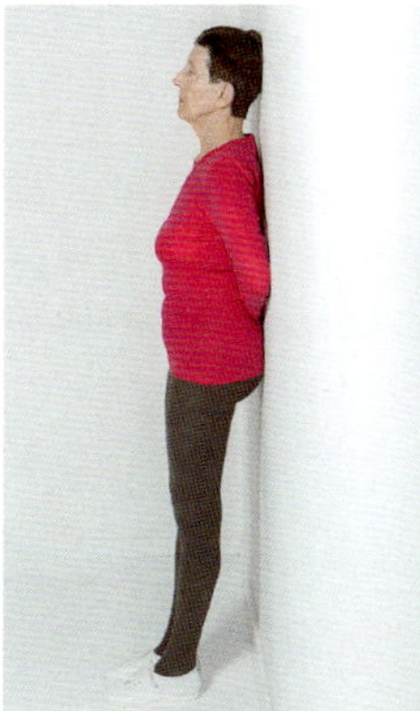

效果：拉伸全身肌肉，塑造健康体态。

起始姿势

- 背部紧贴墙面；
- 头部、肩胛骨和臀部紧贴墙面；
- 脚跟距离墙面几厘米。

动作要领

- 双手放在腰部与墙面之间；
- 收紧腹肌，用力使脐部向脊柱方向靠拢；
- 感受双手受到的压力，保持这个姿势片刻；
- 保持肌肉的紧张，身体离开墙面
  - 头部伸直，目视前方，下巴微微朝胸部方向内收；
  - 肩部微微向后伸展；
  - 感受腹部的紧张；
  - 双腿分开，与髋同宽；将身体重心置于两脚中间；
- 在房间里走几步。

重复次数

- 根据个人的身体状况，练习 3 ~ 5 次。

! 注意事项

- 运动时注意保持规律平稳的呼吸。

缓解身体和心理的双重压力

效果：通过“马车夫体态”使全身放松。

起始姿势

- 坐在椅子的前 1/3 处；
- 双脚分开，略比髋宽；
- 双臂于体侧自然下垂。

动作要领

- 上身前屈；
- 前臂置于大腿上；
- 双手自然悬垂于大腿内侧；
- 低头，眼睛微闭；
- 全身放松；
- 感受自己的呼吸（注意呼吸节奏）；
- 排除杂念，开始冥想；
- 慢慢挺直身体；
- 舒展四肢，拉伸全身肌肉。

重复次数

- 1 次。

! 注意事项

- 不要忘记最后的拉伸。

结束语

我鼓励大家积极参加各种形式的健身运动，如散步、跳舞、骑自行车、游泳等，也可以参加一些体操课。此外，我推荐大家在运动时借助一些简单的辅助工具，如健身带、网球、健身球、撑竿、体操棒等，以及其他现代化的健身器械。大家也可以到健身房接受专业指导进行训练。

我希望你们重视本书介绍的30天练习，因为健康的运动能够让大家更有规律地生活，并能帮助大家避免不必要的运动损伤。